Martina Kroth

Von Leuchtfischen und Meerjungfrauen

Kleine Landratten erfahren spielerisch Spannendes und Wissenswertes über den Lebensraum Meer

Illustration: Kasia Sander

Ökotopia Verlag, Münster

Impressum

Autorin: Martina Kroth

Illustratorin: Kasia Sander

Lektorin: Barbro Garenfeld

Satz: Studio Bandur, Idstein-Wörsdorf

ISBN: 3-936286-35-3

© 2004 Ökotopia Verlag, Münster

1 2 3 4 5 6 7 8 9 · 12 11 10 09 08 07 06 05 04

Inhalt

Eine große blaue Murmel ... 5

Sonnenschein und „Schietwetter" 7

Das Möwenkind im Sturm (Geschichte) 9

Sonnenmütze · Schattengemälde · Gießkannenbilder · Wärmeversuch · Warme Luft · Salz-kristalle · Kräutersalz selbst gemacht · Windwirbler · Aus welcher Richtung weht der Wind? · Windtüte · Der Wind, der Wind, das himmlische Kind ... (Info) · Windgleiter · Seifenblasen-Schießen · La ola – die Welle · Dicke Suppe · Wolke im Glas · Regen im Haus · Plitsch, platsch, Regentropfen · Buntes Pfützenspringen · Pfützen leeren · Warmer Sommerregen · Wetterregeln selbst gemacht! 11–21

Leben im Rhythmus der Gezeiten – die Küste 22

Der kleine Krebs sucht ein neues Haus (Geschichte) 25

Strandgut-Rahmen · Muschelsammlung · Muschelsammlung in Gips · Was fressen Muscheln? · Muschel-Windspiel · Federsammlung · Möwen-Katapult · Der Fischkutter und die Möwen · Unterwasser-Gucker · Seestachelbeeren betrachten · Seepocken beobachten · Seepocken basteln · Der Blick ins Schneckenhaus · Napfschnecken-Spiel · Alge, Muschel, Fisch · Zaungäste · Strandbild – Sandbild · Wasserrennen · Strandkrabbe · Algensteine · Leckeres Algen-Sushi · Algen-Drink · Seeigel · Strandspiele – Sandspiele! · Dünen · Das Watt – ein Schaubild · Deiche · Deich-Schäfchen · Tourismus (Info) 27–44

Die blauen Tiefen – Leben im Meer 45

Der große Wal allein im Meer (Geschichte) 47

Die Erde ist rund · Leuchtturm in Sicht · Gurkenglas-Aquarium · Tiefsee-Aquarium · Leucht-Aquarium · Fische mit Blubb · Blubberfisch-Spiel · Schwimmblase · Papa, Hilfe! · Fliegende Fische · Fischbild · Haie (Info) · Hai-Fangen · Sandpapier-Haie · Kleister-Quallen · Feuerquallen · Glibberqualle · Meeresbild · Wale und Delfine (Info) · Buckelwal-Spiel · Filz-Wal · Delfin zum Balancieren · Lebensretter (Info) · Unterwasser-Theater · Der gierige Krake – ein Balancierspiel · Die Arme des Kraken · Kraken aus Pappe · Kraken aus Wolle · Fantasiereise im U-Boot · Puste-Albatros · Einmal um die Sieben Weltmeere · Ursuppe 49–67

Ein Fischerdorf am Meer 68

Der Fischer und seine Frau (Geschichte) 70

Hafen · Leuchtturm · Treppenspiel · Käscher · Fischernetz knüpfen · Fische fangen · Fischefangen im Origami-Becher · Fischer, Fischer, welche Fahne weht heute? · Angelspiel · Krabben pulen · Wasserpolizei · Wasserfeuerwehr 72–77

Wir fahren über's weite Meer! — 78

Matrosenkleidung · Schlafgenosse (Info) · Matrosendrill · Kompass · Sanduhr · Sanduhrrennen · Sanduhrdrängeln · Flaggenalphabet · Seemannsknoten · Matrosenknoten · Bullaugenbilder · Warum schwimmen Schiffe? · Moosgummi-Katamarane · Wettsegeln · Bötchenbasteln unterwegs · Containerschiff-Spiel · Ölpest · Schiff mit Düsenantrieb · Urlaubssouvenirs · Steuermann und Steuerfrau · Mann über Bord · Würziger Kindergrog · Selbst gemachte Kluntjes · Das Ei des Kolumbus – ein Rätsel — 80–90

Johoho, und 'ne Buddel voll Rum! — von Piraten und Freibeutern — 91

Lilo und die ängstlichen Piraten (Geschichte) — 93

PiratInnenkleidung · Piratenkapitän · Störtebeker (Info) · Piratenknobelei · Augenklappe · Hakenhand · Holzbeinrennen · Piratenflagge · Piratenmesser · Piratengefecht · Enterhaken-Spiel · Schatzbeutel · Wem gehört der Schatz? · Fernrohr · Schatzkarten · Schatztruhe · Schiffbruch · Auf eine einsame Insel nehme ich mit ... · Schwimmende Insel · Robinsons Insel · InselkönigIn · Inselspieße mit Dip · Papagei · Ara, krächz' einmal! · Flaschenpost — 95–107

Allerlei Seemannsgarn — 108

Seemannsgarn – eine Fantasiereise · Seemannsgarn spinnen · Und dann kam die Seeschlange! · Berühmte Meerjungfrauen (Info) · Meerjungfrau mit Glitzerflosse · Muschelkämme für Nixen · Seeschlange · Seeschlangen-Marionette · Zaubermuscheln · Muschel mit Perle · Beim Klabautermann! · Tiefseeungeheuer · Meeresleuchten — 110–118

Anhang — 119

Wasserwelten: Projekte — 119

Meereszauber für drinnen und draußen · Berufe rund ums Meer · Insel-Idylle · Spaß am Strand — 119–120

Verwendete und weiterführende Literatur — 120

Sachbücher · Lesebücher — 120

Register — 121

Spiele · Basteleien · Experimente · Geschichten · Rezepte · Info — 121–122

Autorin und Illustratorin — 123

Eine große blaue Murmel ...

... so beschrieb ein amerikanischer Apollo-Astronaut die Erde, als er sie von Bord seines Raumschiffes aus leuchtend im Weltraum schweben sah. Unsere Erde ist ein Wasserplanet – mehr als zwei Drittel ihrer Oberfläche sind mit Wasser bedeckt. Damit ist die Erde einmalig in unserem Sonnensystem, denn auf keinem der anderen Planeten kommt flüssiges Wasser vor.

Das Meer entstand in der Frühzeit der Erde. Damals kühlte das glühende Gestein, aus dem die Erdkugel bestand, aus. Riesige Mengen Wasserdampf stiegen in den Himmel auf und ballten sich zu einer gewaltigen, erdumspannenden Wolkendecke, aus der es Jahrmillionen lang regnete. Schließlich sammelten sich die Wassermassen dieser ersten Sintflut in den tieferen Gebieten der Erdoberfläche – der Urozean entstand.

Das Meer ist die Wiege des Lebens. Hier entwickelten sich vor unfassbar langer Zeit die ersten Bakterien, Pflanzen und Tiere. Viele dieser Pflanzen und Tiere sind heute schon wieder ausgestorben, wie zum Beispiel die Ammoniten, die Verwandten der Tintenfische in ihren wunderbar zusammengerollten Gehäusen. Andere, wie Schwämme oder Quallen, haben Hunderte Millionen Jahre lang im Meer überlebt. Vom Wasser aus eroberte das Leben schließlich das Land. Wir Menschen tragen das Meer noch immer in uns: Unser salziges Blut ist ein Erbe unserer im Wasser lebenden Vorfahren.

Die Ozeane beherbergen unter ihrer scheinbar öden Oberfläche unglaublich viele verschiedene Lebewesen in vielfältigen Lebensräumen. In den sonnendurchfluteten seichten Küstengewässern leben die meisten Meeresbewohner. Hier ermöglicht die Energie der Sonne reiches Pflanzenwachstum. Die Pflanzen (Algen, Tang und Seegras) wiederum bilden die Nahrungsgrundlage für die unterschiedlichsten Tiere, sowohl Pflanzenfresser als auch Räuber aller Art: Hummer und Krabben, Fische in allen Formen und Farben, Seeigel und Seesterne, Würmer, Muscheln und Tintenfische, um nur einige zu

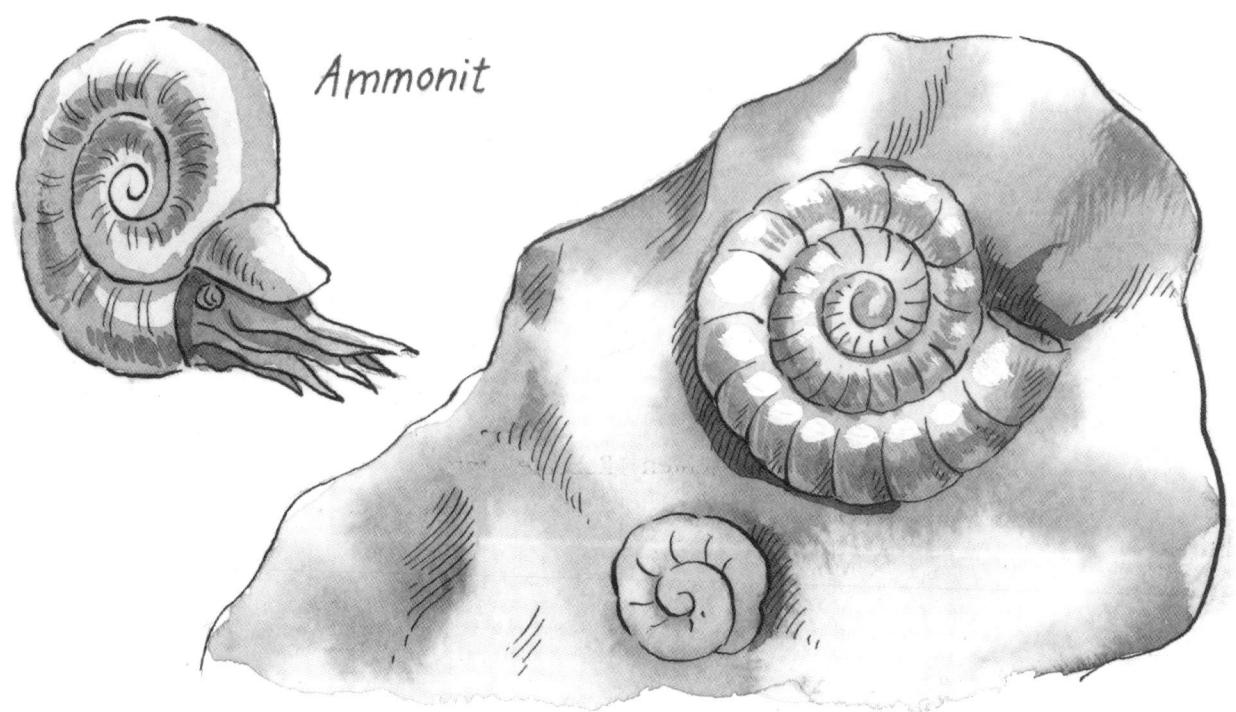

Ammonit

nennen. Doch selbst in der ewigen Finsternis der Tiefsee finden merkwürdige Wesen ihre Lebensgrundlage.

Auch heute noch sind die Ozeane zum größten Teil *terra nova* – neues, unbekanntes Land. Eine unglaubliche Landschaft, eine Landschaft der Superlative, verbirgt sich unter der Wasseroberfläche. Die durchschnittliche Meerestiefe beträgt über 3700 Meter. An seiner tiefsten Stelle, dem Marianengraben zwischen Japan und Neu Guinea, liegt der Ozeanboden 11.034 Meter unter der Meeresoberfläche. Der Mittelozeanische Rücken, der sich von Island im hohen Norden bis zum Südpolarmeer mitten durch den Atlantik und dann weiter durch den Indischen Ozean bis in den Pazifik zieht, ist der längste Gebirgszug der Welt – mit einer Länge von 65.000 Kilometern. Der größte Berg der Welt ist der Vulkan Mauna Kea auf Hawaii: Zwar ragt er nur gut 4200 Meter über Hawaii auf, doch vom Meeresgrund bis zur Spitze gemessen ist er 10.203 Meter hoch. Dagegen ist der Mount Everest mit seinen 8850 Metern ein Zwerg!

In den Meeren begegnen wir den Walen mit ihren fast unirdischen Gesängen. Pottwale tauchen mehrere tausend Meter tief und kommen bedeckt mit den Malen riesiger Saugnäpfe wieder an die Oberfläche um zu atmen. Welche Giganten kämpfen dort wohl gegeneinander? Bizarre Würmer und bleiche Krabben finden ihr Auskommen neben heißen Quellen, die wie Oasen auf dem Meeresgrund verstreut liegen. Fische und Garnelen leben in Wohngemeinschaften, Seeschlangen tanzen zu Hunderten im Mondschein und knallbunte Schnecken weiden auf dem Meeresgrund.

Welche Wunder mögen sich in den Weltmeeren noch verbergen? Vielleicht werden wir sie nicht mehr alle entdecken können. Das Meer ist zwar unfassbar groß, doch inzwischen machen sich selbst dort Umweltverschmutzung und Überfischung bemerkbar. Menschliche Gier und der verantwortungslose Umgang mit den Ressourcen, die uns das Meer seit alters her bietet, vernichten diesen natürlichen Reichtum. Urlauber zertrampeln nichts ahnend Dünen und Korallenriffe und bezahlen viel Geld für Urlaubssouvenirs wie getrocknete Seesterne, schillernde Muschelschalen und elegant gedrehte Schneckenhäuser. Sie setzen die Tiere dadurch einer erbarmungslosen Jagd aus, die bis an den Rand der Ausrottung geht. Fisch soll bezahlbar bleiben – riesige Fangflotten plündern auch die letzten Winkel der Weltmeere, bis die Fischbestände bedrohlich zurückgehen. Fischer in Korallenriffen entdecken, dass es leichter ist, mit Unterwasser-Sprengstoff alle Fische in der Umgebung zu töten und die gewünschte Beute abzusammeln, anstatt mit Netzen, Angeln und Harpunen gezielt auf Fischfang zu gehen. Sie töten damit auch das ganze Ökosystem. Die Gefahren, die von den riesigen Öltankern für unsere Meere ausgehen, kennt jeder.

Es ist inzwischen fast ein Klischee, aber dennoch wahr: Wir schützen nur, was wir kennen und lieben. Dieses Buch soll einen kleinen Beitrag dazu leisten, Kindern und den beteiligten Erwachsenen die Vielfalt der Ozeane näher zu bringen und aufzuzeigen, dass die Geschichte und das Überleben der Menschheit eng mit dem Meer verbunden sind: Wir wollen das Meer ins Haus und in unsere Herzen holen.

Sonnenschein und „Schietwetter"

Das Meer ist bei jedem Wetter schön: Im Sommer glitzert der Sonnenschein auf den Wellen und das leise Meeresrauschen schläfert die Sonnenbadenden allmählich ein. An stürmischen Tagen peitscht der Wind die Wellen gegen den Strand – welche Urgewalten da zusammen ein Schauspiel bieten! Und wer kennt nicht die Bilder majestätischer Eisberge, die riesengroß und unbeirrt ihrer Wege ziehen, ohne auf uns kleine Menschlein in unseren Nussschalen zu achten. Aber das Meer macht auch Wetter: Das Klima auf der Erde wird zu einem hohen Maße von den Meeresströmungen bestimmt und von der Fähigkeit der Meere, Wärme zu speichern.

Der Winter an der Küste ist meist mild

Das Festland erwärmt sich viel schneller als das Meerwasser und kühlt auch schneller wieder aus. Daher können auf dem Land die Temperaturen beträchtlich schwanken: Es wird sehr schnell sehr kalt oder auch sehr warm. Das Meer dagegen braucht seine Zeit: Es erwärmt sich nur allmählich, aber diese Wärme speichert es und gibt sie auch nur langsam wieder ab. Im Sommer erhitzt die Sonne die Meeresoberfläche: Das Wasser erwärmt sich. Im Winter gibt das Wasser diese Wärme wieder an die Luft ab. Deswegen sind die Winter an der Küste im Allgemeinen viel milder als tief im Landesinneren, und wenn es dort schneit, herrscht an der Küste regnerisches „Schietwetter".

Warum Fahnen tagsüber immer vom Meer weg wehen

Am Tag weht der Wind an der Küste meistens vom Meer zum Land. Auch das liegt an der Eigenschaft des Meerwassers, Wärme nur langsam zu speichern: Das Land erwärmt sich schneller, die warme Luft steigt nach oben und hinterlässt sozusagen eine Lücke. Die kühlere Luft über dem Meer fließt in diese Lücke nach – jetzt wehen die Fahnen vom Meer weg und eine angenehm kühle Brise lindert die Hitze des Tages. Nachts ist es anders herum: Das Land ist schnell wieder ausgekühlt, doch das Meerwasser hat die Wärme des Tages noch immer gespeichert. Jetzt steigt über dem Meer warme Luft nach oben, die kühlere Landluft weht zum Meer hin und die Fahnen vom Land weg.

Meeresströmungen verteilen die Wärme

Tagsüber, im Sommer und natürlich in den heißeren Gegenden der Erde erwärmt sich das Meer. Das warme Wasser bleibt aber nicht dort, wo es erhitzt wurde: Meeresströmungen verteilen es über die ganze Erde. Zum Beispiel strömt warmes Wasser aus den Tropen im Atlantischen Ozean nach Norden zu den Küsten Irlands und Großbritanniens. Dort gibt das Wasser seine Wärme an die vorherrschenden Westwinde ab, die dann das milde Wetter zu uns nach Westeuropa bringen. Ohne diese ständige Wärmezu-

fuhr wäre es bei uns vor allem im Winter bedeutend kälter!

Solche Strömungen können Wärme und natürlich auch Kälte übrigens nicht nur über weite Strecken, sondern auch über lange Zeiträume transportieren. Das kalte Wasser um die Antarktis herum fließt tief unten im Meer in verschiedenen Strömen in die Weltmeere. Bis diese Wassermassen sich langsam erwärmen und an die Oberfläche steigen, vergehen mehrere Jahrhunderte!

Ohne Wind keine Wellen

Der Wind gehört zum Strand genauso dazu wie die Wellen – na klar, ohne das eine gäbe es das andere ja auch nicht! Der Wind, der über das Meer streicht, schiebt das Wasser in Wellenform vor sich her. Je stärker der Wind weht, desto höher wird die Welle und desto spitzer wird ihr Kamm. Peitscht der Wind die Wellen noch mehr auf, brechen die Kämme und erzeugen Schaumkronen. So eine weiß gefleckte See haben alle Strandläufer und Strandläuferinnen sicher schon einmal beobachtet.

Weht der Wind stetig über eine lange Strecke immer in die gleiche Richtung, entstehen besonders große Windwellen. Über solche Wellen freuen sich beispielsweise die Surfer an den Küsten Australiens: Auf seinem langen Weg dorthin quer über den Pazifik baut der Wind Wellen auf, die mehrere Meter hoch sein können und das Surfen überhaupt erst möglich machen. Normale Ozeanwellen erreichen bis zu drei Metern Höhe. Sturmwellen werden noch größer. Im Zentrum eines Sturmes können die Wellen 15 Meter hoch werden. Die höchste je beobachtete Sturmwelle maß sogar 34 Meter!

Ohne Wind bewegt sich nichts

Eigentlich muss man sich eine Welle wie einen Kreis vorstellen: An der Wasseroberfläche dreht der Kreis in die eine Richtung, unter Wasser aber genau in die andere. Am Strand, wo das Wasser flacher wird, brechen die Wellen: Sie kippen nach vorne über. Das Wasser ist dort nicht mehr tief genug für den Unterwasser-Teil der Welle. Das Brechen von Wellen zeigt also an, wo flaches Wasser beginnt oder wo eine vorgelagerte Sandbank liegt.

Weil das Wasser sich in einer Welle wie in einem Kreis bewegt und nicht nach vorne, können Wellen alleine auch keine verlorenen Schwimmtiere oder Wasserbälle an den Strand zurücktreiben. Das weiß jeder, der an einem Teich schon einmal sein abgetriebenes Bötchen durch gezielte Steinwürfe zurück ans rettende Ufer holen wollte. Nur der Wind bewegt Schiffe und Schwimmtiere über das Meer.

Wellen ohne Wind – die Ausnahmen

Wellen können auch durch Seebeben sowie unterseeische Vulkanausbrüche oder Erdrutsche entstehen. Wenn der Meeresboden bebt, übertragen sich die Schwingungen auf das Wasser. Mit einer Geschwindigkeit von bis zu 750 Kilometern pro Stunde breiten sich dann Wellen vom Zentrum des Bebens aus fort – etwa wie die Wellen, die sich ringförmig ausbreiten, wenn wir einen Stein in einen Teich werfen. Solche Wellen heißen *Tsunamis* (das Wort kommt aus dem Japanischen und bedeutet „große Hafenwellen"). Wenn Tsunamis auf Küsten treffen, können die Wellen eine Höhe von 30 Metern erreichen; ihre Zerstörungskraft ist verheerend.

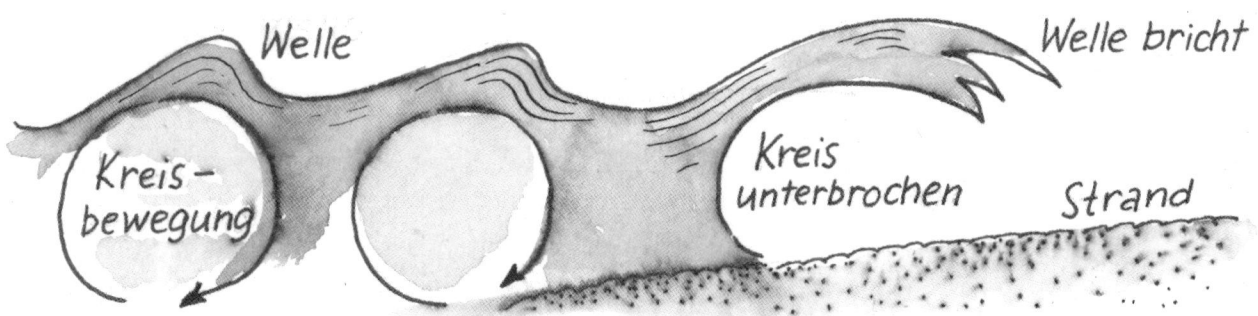

Das Möwenkind im Sturm

Irgendwo auf einem Felsen an einem Strand – ich weiß nicht mehr genau, an welchem Meer – legte eines Tages eine Möwenmama ein Ei. Es war im Frühjahr.
Die Sonne schien und wärmte mit ihren ersten Strahlen den Stein. Eine leichte Brise kräuselte die Wellen, die den Felsen umspülten. Und die Möwenmama war zufrieden mit dem Meer, denn dort gab es viele Fische, die sie fangen konnte, und mit dem Felsen, weil sie dort ihr Ei ablegen konnte. Sie war zufrieden mit der Sonne, die vom Himmel strahlte, und mit dem Wind, auf dem die Möwen segelten, und sie war sehr zufrieden mit ihrem Ei.
Ja, das Ei! Es war ein sehr längliches Ei. Wenn die Möwenmama aus Versehen daran stupste, dann kollerte es nicht vom Felsen herunter, sondern drehte sich im Kreis um seine schlanke Spitze und blieb sicher liegen. Die Eierschale war hell und mit grauen Flecken lustig getupft. Die Möwenmama fand es wunderschön!
Viele Tage lang saß die Möwenmama auf ihrem Ei und hielt es warm. Manchmal schoben sich graue Wolken vor die Sonne. Dann fegte ein scheußlich kalter Wind über den Felsen und alle Möwen, die dort brüteten, zogen die Köpfe in das Gefieder ein und kauerten sich noch enger an den felsigen Untergrund. Der Regen, der hin und wieder fiel, machte der Möwenmama nicht so viel aus, denn jeden Tag strich sie ihre Federn glatt und ölte sie ein, so dass der Regen in dicken Tropfen von ihr abperlte.

Eines Tages – die Wellen plätscherten gegen den Strand, die Sonne schien wieder und die Möwen kreischten laut, während sie sich vom Felsen zum Meer hinabstürzten – eines Tages also hörte die Möwenmama ein leises, zartes Fiepen. Es kam aus dem Ei! Von diesem Tag an unterhielten sich Möwenmama und Möwenkind durch die Eierschale hindurch: Das Möwenkind erzählte, dass es ihm langsam eng wurde in seinem Ei und es fragte, woher das Licht komme, das durch die dünne Eierschale schien. Und die Möwenmama beschrieb dem Möwenkind alles, was sie von ihrem Felsen aus sehen konnte: das weite Meer, den blauen Himmel und die Sonne, den Strand mit den Robben, die sich dort ausruhen, und die anderen Möwen auf dem Felsen.

So vergingen die Tage. Manchmal stupste die Möwenmama das Ei zärtlich mit dem Schnabel und fragte: „Willst du nicht langsam herauskommen?" Dann kuschelte sich das Möwenkind noch ein bisschen enger zusammen und sagte: „Jetzt noch nicht. Erzähle mir doch noch einmal von dem Sonnenglitzer auf den Wellen!" Denn seht ihr, das Möwenkind hatte ein wenig Angst, aus seiner schützenden Schale heraus zu kommen – es kannte ja nichts anderes. Und es dachte, wenn ihm seine Mama nur noch einmal alles beschreiben würde, was sie sah, dann würde es sich etwas weniger fürchten.

Eines Nachts schlugen die Wellen immer heftiger an den Felsen und aus ihren weißen Spitzen versprühten sie Schaum. Und als der Morgen kam, wurde es gar nicht richtig hell. Dicke, dunkle Wolken hingen so tief über dem Meer, dass sie fast die Wellen zu berühren schienen. Es begann zu regnen. Plötzlich fuhr ein Blitz aus grellem Licht über den Himmel und es grollte und donnerte so laut, dass die Möwenmama auf ihrem Ei heftig zusammenzuckte. „Mama, was war das?", rief das Möwenkind entsetzt aus seinem Ei heraus, denn so ein flackerndes Licht hatte es noch nie gesehen und so ein lautes Geräusch hatte es noch nie gehört. Doch die Antwort der Möwenmama konnte es nicht verstehen, denn jetzt erhob sich ein schrecklicher Wind, der um den Felsen heulte und die Möwenmama fast von ihrem Platz fegte. Gerade konnte sie sich noch hinter einen Vorsprung ducken – aber das Ei! Der Wind erfasste es und drehte es auf dem Felsvorsprung hin und her und jetzt kam es dem Rand gefährlich nahe! „Komm heraus!", schrie die Möwenmama, „im Ei kann ich dich nicht halten! Du wirst ins Meer stürzen!" – „Mama, ich trau mich nicht!", jammerte das Möwenkind. „Du musst!", schrie die Möwenmama.

Wieder blitzte und donnerte es, noch lauter als zuvor. Der Wind wirbelte das Ei auf dem Felsvorsprung herum und das Möwenkind im Ei purzelte kopfüber in alle Richtungen. Da nahm es seinen ganzen Mut zusammen, pickte mit dem Schnabel gegen die Schale und streckte sich mit aller Kraft, bis die Eierschale platzte. Sofort war die Möwenmama an seiner Seite. Sie nahm das Möwenkind unter ihre großen Flügel und drückte sich mit ihm dicht an die Felswand, wo sie vor dem Wind geschützt waren. So blieben sie, bis sich das Gewitter legte, der Regen genauso plötzlich aufhörte, wie er begonnen hatte, und die Sonne zwischen den Wolken hervorlugte.

„Mama", sagte das Möwenkind und schüttelte sich die Regentropfen vom Kopf, „als ich noch im Ei war und du mir alles beschrieben hast, hat es sich aber viel schöner angehört!" Die Möwenmama lachte. „Es ist auch schön. Du wirst schon sehen", sagte sie und strich dem Möwenkind liebevoll über das strubbelige Gefieder.

Sonnenmütze

Kinder müssen sich besonders gut vor der Sonne schützen – v. a. am Strand, wo das Meerwasser die Sonnenstrahlen reflektiert und verstärkt. Nicht nur die Haut ist durch Sonnenbrand gefährdet; auch die Augen sind empfindlich und dürfen nicht zu viel Sonnenlicht abbekommen. Eine Schirmmütze mit Nackentuch ist deshalb ideal!

Material: je Kind 1 Schirmmütze (evtl. bei Vereinen oder Firmen nach Mützen mit aufgedruckter Werbung fragen) und 1 großes, kräftiges Stofftaschentuch, Nadel, Faden, Schere; evtl. Stofffarbe, Stempel
Alter: ab 5 Jahren

Das Taschentuch seitlich und hinten an den Rand der Schirmmütze annähen. Die Stiche sind einfacher zu machen, wenn die Kinder nicht durch den dicken Saum der Mütze, sondern durch den Stoff darüber nähen.

Variante

Die Taschentücher vor dem Annähen individuell gestalten, z. B. mit Stofffarbe in Strand- oder Meeresmotiven bemalen oder bestempeln. Oder die Schirmmützen knallbunt und lustig umfärben.

Schattengemälde

Wenn die Sonne herunterbrennt, gibt es auch gestochen scharfe Schattenbilder.

Ort: Strand bzw. Sandkasten
Material: evtl. Straßenkreide
Alter: ab 3 Jahren

Ein Kind stellt sich möglichst witzig und verrückt in der Sonne in Positur.
Andere Kinder ziehen im Sand mit dem Finger die Umrisse seines Schattens nach.
Zum Schluss malen sie um die Schattenfigur noch einen Rahmen – fertig ist das Schattengemälde! Ist der Sandkasten groß genug für eine ganze Galerie?

Variante

Wer mit Straßenkreide auf festem Untergrund malt, kann die Schattenfigur noch bunt ausmalen, sich einen Bildhintergrund ausdenken und den Rahmen schön gestalten.

Gießkannenbilder

Dieses Spiel können zwei Kinder miteinander oder zwei Teams um Punkte spielen.

Material: Gießkanne mit Wasser
Alter: ab 4 Jahren

Ein Kind erhält die Gießkanne. Es denkt sich einen Begriff aus und zeichnet diesen mit dem Wasserstrahl in den Sand oder auf den Boden. Ein anderes Kind (bzw. das restliche Team) versucht, den gesuchten Begriff zu erraten.

Strand-Variante

Ein Kind bzw. ein Team spielt nah am Wasser und zeichnet mit dem Finger in den nassen Sand. Das andere Kind bzw. Team darf nur so lange versuchen, den gemalten Begriff zu erraten, bis eine Welle über das Bild schwappt und es wegwischt.

Wärmeversuch

Erfahrene Strandläufer wussten schon immer: Wer sich auf dem heißen Sand die Füße verbrennt, rennt schnell zum kühlen Meer zum Löschen!

Ort: draußen in der Sonne
Material: 2 Eimer, Wasser, Erde oder Sand
Alter: ab 5 Jahren

Den einen Eimer mit Wasser, den anderen mit Erde füllen.
Beide Eimer in die Sonne stellen.
Nach einiger Zeit Wasser und Erde befühlen.
Was hat sich stärker erhitzt in der Sonne?

Warme Luft

Hier begreifen Kinder ganz anschaulich, dass warme Luft nach oben steigt.

Material: Heizung, Herdplatte, Feuer oder Kerzenflamme als Wärmequelle, Seifenblasen
Alter: ab 3 Jahren (mit Erwachsenen, die aufpassen)

Seifenblasen über eine Wärmequelle pusten und schauen, wohin sie fliegen: Die Seifenblasen werden von der aufsteigenden warmen Luft erfasst und schweben nach oben.

Salzkristalle

Meerwasser enthält einen hohen Anteil Kochsalz. Einige Kinder erinnern sich sicher aus dem Sommerurlaub an den Geschmack des Salzwassers auf den Lippen oder an die Salzränder, die das Meerwasser auf der Haut hinterlässt, wenn es trocknet. Das Salz wird ständig in kleinsten Mengen aus Gestein ausgewaschen und von den Flüssen ins Meer transportiert, wo es sich über zig Millionen Jahre angesammelt hat. Die Menschen (v. a. in Afrika und Indien) gewinnen das Kochsalz aus dem Meer, indem sie flache Becken mit Meerwasser füllen und das Wasser verdunsten lassen; das Salz bleibt zurück.
Früher war Salz so wertvoll, dass die Leute es als „weißes Gold" bezeichneten. Römische Soldaten bekamen einen Extra-Sold, um sich Salz kaufen zu können. Das Wort „Salär" leitet sich davon her.

Material: Glas, Wasser und Kochsalz (oder Meerwasser), Löffel, Lupe
Alter: ab 3 Jahren
Dauer: mehrere Tage

Ein Glas mit Wasser füllen und Salz hineinrühren oder Meerwasser nehmen (1 l Meerwasser enthält etwa 35 g Salz; wer selbst Salz ins Wasser rührt, erhält eine viel höhere Konzentration – und auch größere Kristalle).
Das Glas an einen sonnigen, warmen Ort stellen und täglich nachgucken, ob sich schon Salzkristalle am Boden abgesetzt haben. Glas dabei möglichst nicht schütteln!
Wenn alles Wasser verdunstet ist, betrachten die kleinen Forscher die Kristalle unter der Lupe und probieren natürlich auch ein Körnchen.

Kräutersalz selbst gemacht

Salz ist ein wichtiger Bestandteil unserer Nahrung. Zu wenig davon macht krank – heutzutage ist allerdings die Gefahr größer, zu viel Salz zu essen. Beim Kräutersalz tragen die Kräuter zum Geschmack bei – zu Tomaten ein wahrer Genuss!

Material: Glas mit Schraubdeckel
Zutaten: Kochsalz, verschiedene getrocknete Kräuter (z. B. Schnittlauch, Thymian, Petersilie, Basilikum, Oregano oder Liebstöckel)
Alter: ab 4 Jahren

Etwas Salz in das Glas füllen.
Einmal Probeiriechen an den getrockneten Kräutern und nach eigenem Geschmack eine Kräutermischung kreieren: Die ausgewählten Kräuter zwischen den Händen zerreiben und das duftende Pulver zum Salz geben.
Glas verschließen und kräftig schütteln – fertig!

Windwirbler

Bei einer steifen Brise dreht sich der Windwirbler bunt im Wind. Und bei Flaute hilft Pusten!

Material: 4 quadratische Blätter Papier in 4 verschiedenen Farben (ca. 10 x 10 cm), Strohhalm, Klebstoff, Schere, Schaschlikstäbchen, 1 dicke Perle, Klebeband, evtl. mit Erde gefüllter Blumentopf
Alter: ab 5 Jahren

Die Papierbögen in der Mitte einmal knicken und die Seiten der entstandenen Flügel aneinanderkleben (s. Abb.).

Den Strohhalm durch die Mitte stecken und ebenfalls am Papier festkleben.
Überstehende Strohhalmenden bis auf einige Millimeter abschneiden.
Perle auf das untere Drittel des Schaschlikstäbchens stecken und darunter den Stab mit Klebeband umwickeln, bis die Perle nicht mehr hinunterrutschen kann.
Stäbchen in den Sand oder einen mit Erde gefüllten Blumentopf pieksen und Strohhalm aufstecken.
Jetzt kann der Wind kommen!

Aus welcher Richtung weht der Wind?

Winde sind nach der Richtung benannt, aus der sie wehen: Der Westwind weht von West nach Ost, der Nordwind von Norden nach Süden.

Material: je nach Methode Sand, Gras, Wollfaden, leichtes Kleidungsstück oder Fahne
Alter: ab 3 Jahren

Es gibt verschiedene Möglichkeiten herauszufinden, aus welcher Richtung der Wind weht:

◆ Sand oder Gras aus der Hand rieseln lassen und beobachten, wohin der Sand bzw. das Gras geweht wird.
◆ Einen Wollfaden aus der Hand wegfliegen lassen.
◆ Einen Finger mit Spucke befeuchten und in den Wind halten. Der Wind kommt von der Seite, an der sich der Finger kalt anfühlt.
◆ Ein leichtes Kleidungsstück oder eine Fahne im Wind wehen lassen.

Fallen den Kindern noch andere Methoden ein, die Windrichtung zu bestimmen?

Windtüte

Die Windtüte zeigt die Richtung an, in die der Wind bläst.

Material: bunte Plastiktüte mit Tragegriffen, Schere, Schnur (ca. 20 cm lang), Klebeband, Stab, evtl. mit Erde gefüllter Blumentopf
Alter: ab 5 Jahren

Den Boden der Plastiktüte abschneiden und den unteren Rand fransig einschneiden.
An den Tragegriffen jeweils eine etwa 20 cm lange Schnur festknoten und mit Klebeband am oberen Ende des Stabes befestigen.
Stab in den Sand oder in einen mit Erde gefüllten Blumentopf stecken.
Bei Windstille hängt die Windtüte schlapp herunter; je stärker der Wind weht, desto höher hebt sich ihr Ende und die Fransen flattern fröhlich in der Brise.

Der Wind, der Wind, das himmlische Kind ...

Heutzutage wird die Windgeschwindigkeit in Stundenkilometern gemessen. Es gibt aber auch noch die ältere Beaufort-Skala mit 12 Windstärken. Sie stammt aus dem Jahre 1805, als der englische Admiral Sir Francis Beaufort nach einer einheitlichen Einteilung der Windstärke auf hoher See suchte.

Windstärke	Stundenkilometer	Eigenschaften
1	1 – 5 km/h	leiser Zug, Rauch bewegt sich, Meeresoberfläche ist gekräuselt
2	6 – 11 km/h	leichte Brise, kleine Wellen
3	12 – 19 km/h	schwache Brise, Wimpel streckt sich, vereinzelt weiße Schaumkronen
4	20 – 28 km/h	mäßige Brise, Papier wird bewegt, mittlere Wellen mit zahlreichen Schaumkronen
5	29 – 38 km/h	frische Brise, kleine Laubbäume schwanken, einige brandende Wellen
6	39 – 49 km/h	starker Wind, zahlreiche brandende, schaumige Wellen, 4–6 m hoch
7	50 – 61 km/h	steifer Wind, brandende und strudelnde, sehr schaumige Wellen, 6–9 m hoch
8	62 – 74 km/h	stürmischer Wind, Äste brechen, große, 9–14 m hohe Brandungswellen
9	75 – 88 km/h	Sturm, Dachziegel werden losgerissen, enorme Wellen von über 14 m Höhe
10	89 – 102 km/h	schwerer Sturm, Bäume werden entwurzelt
11	103 – 117 km/h	orkanartiger Sturm, große Schäden entstehen
12	über 117 km/h	Orkan, es kommt zu schweren Verwüstungen

Windgleiter

Selbst gebastelte Windgleiter lassen die Kinder gerne fliegen.

Material: 1 rechteckiges Blatt Papier (z. B. buntes Papier aus einer Zeitschrift oder weißes Schreibmaschinenpapier)
Alter: ab 5 Jahren (mit Hilfe eines Erwachsenen)

Den Windgleiter falten (s. Abb.):

- Das Papier einmal längs falten und wieder aufklappen.
- Beide Ecken einer Seite bis an die Mittelfalz umklappen.
- Papier wenden und die Spitze komplett umknicken.
- Die unteren Ecken bis kurz unter die Spitze falten.
- Spitze darüber falten.
- Papier wenden und die Hälfte nach oben schlagen.
- Auf beiden Seiten die schräge obere Kante an die gerade untere Kante falten. Flügel leicht zur Seite biegen – fertig!

Alle Falten gut kniffen! Und schon fliegt der Windgleiter los.
Wer schafft es bis zu dem Sonnenschirm dort hinten?

Seifenblasen-Schießen

(mit einem Dankeschön an Frederike und Maaike)

Je kräftiger der Wind weht, desto schwieriger ist dieses Spiel!

Material: Badesachen, Seifenblasen-Röhrchen, Wasserpistolen oder Sprühflaschen mit Wasser (auf harten, weiten Strahl einstellen)
Alter: ab 5 Jahren

Natürlich bleibt bei diesem Spiel keiner trocken – also rein in die Badesachen!
Ein Kind bläst Seifenblasen, die der Wind davonträgt.
Die anderen Kinder zielen mit dem Wasserstrahl ihrer Pistole oder Sprühflasche auf die schillernden Blasen und versuchen sie zu treffen.

La ola – die Welle

Wenn der Wind Wellen über das Wasser treibt, hat es den Anschein, als ob die Wellen über die Wasseroberfläche wandern. Tatsächlich aber bleibt jeder Wassertropfen an Ort und Stelle, er steigt und fällt, bewegt sich aber nicht vorwärts. Genauso verhält es sich mit La ola, der Welle aus dem Sportstadion!

Material: Stuhlkreis
Alter: ab 3 Jahren

Alle Kinder setzen sich in den Stuhlkreis.
Die Spielleitung erklärt den Kinder, wie jetzt alle gemeinsam eine Wellenbewegung vollführen wollen: Sie beginnt, steht auf, streckt die Arme nach oben, senkt sie wieder und setzt sich.
Das Kind links neben ihr (oder rechts, Spielrichtung vorher ausmachen) steht auf, wenn die Spielleitung die Arme oben hat, und vollführt die gleichen Bewegungen – also mit einem kleinen zeitlichen Abstand.
Und so geht es weiter von einem Kind zum nächsten; die Welle wandert etwas verzögert im Kreis herum.
Wie viele Umläufe schafft die Welle, bevor sie bricht? Und wie schnell kann sie werden?

Dicke Suppe

Das Meer gibt an die Luft nicht nur gespeicherte Wärme, sondern auch Feuchtigkeit ab. Warme Luft kann viel Wasserdampf aufnehmen. Kühlt die Luft später wieder ab, schweben Wassertröpfchen als eine dicke, tief hängende Wolke in der Luft: Nebel ist entstanden.

Material: 1 Schnellhefter, mehrere Klarsichthüllen, Deckweiß oder eine andere auf Plastik haftende weiße Farbe, Pinsel, Papier, Stifte
Alter: ab 3 Jahren

Die Klarsichthüllen an verschiedenen Stellen dünn mit weißer Farbe bemalen, trocknen lassen und übereinander legen.
Sind alle Hüllen übereinander gelegt, sollte sich eine rein weiße Fläche als Nebelwand ergeben, obwohl jede Hülle für sich alleine betrachtet nur wenige weiße Stellen aufweist.
Die Hüllen in den Schnellhefter geben.
Von den Kindern Bilder mit einzelnen Meeresmotiven zeichnen lassen: Leuchtturm, Segelschiff, Wal, Albatross oder was den Kindern sonst noch einfällt.
Ohne dass die Kinder es sehen, in die unterste Hülle eines der Bilder einschieben (Achtung! – die Kinder dürfen nicht lauern!) und die vorderen Hüllen darüber klappen, so dass nun eine dicke Nebelschicht das Motiv verbirgt.
Den vorderen Umschlag des Schnellhefters nach hinten umbiegen, damit er nicht im Weg ist.
Die Spielleitung zeigt den Kindern die Nebellandschaft. Sie schlägt eine Klarsichthülle nach der anderen langsam nach hinten um, so dass sich der Nebel allmählich lichtet.
Wer erkennt zuerst, was aus dem Nebel auftaucht?

Wolke im Glas

Nicht nur Nebelwolken, sondern auch die Wolken hoch am Himmel bestehen aus kleinsten Wassertröpfchen. Genau wie Nebel bilden sie sich, wenn warme Luft, die mit Wasserdampf gesättigt ist, plötzlich abkühlt. In den höheren Schichten der Atmosphäre entstehen dabei keine Tröpfchen, sondern kleine Eiskristalle.

Material: 1 großes Glas, warmes Wasser, Grillform aus Alu (ohne Löcher), Eiswürfel
Alter: ab 5 Jahren

Das Glas zur Hälfte mit warmem Wasser füllen.
Die Grillform auf die Öffnung legen und mit Eiswürfeln füllen.
Im Glas bildet sich über dem Wasser eine Wolke aus feinen Wassertröpfchen.

Regen im Haus

Werden die Tröpfchen oder Eiskristalle in den Wolken zu groß und schwer, regnen sie ab.

Material: Wasserkessel mit Wasser, Herd, Stielkasserolle, Eiswürfel, Topfhandschuh
Alter: ab 5 Jahren (mit Erwachsenen)

Wasser im Kessel auf dem Herd erhitzen.
Stielkasserolle mit Eiswürfeln füllen.
Sobald der heiße Dampf aus dem Kessel steigt, Topfhandschuh anziehen und Topfboden in den heißen Dampf halten.
Der Dampf kühlt sofort ab, bildet Tröpfchen und fällt als Regen zu Boden.

Plitsch, platsch, Regentropfen

Ein Spiel für Leute, die nicht aus Zucker sind!

Material: Eieruhr; evtl. Tonpapier
Alter: ab 5 Jahren

Droht ein Regenschauer, ein bestimmtes Stück Boden oder Strand (etwa einen Quadratmeter groß) ausgucken.
Sobald die ersten Regentropfen fallen, die Eieruhr auf eine bestimmte Zeit (z. B. 1–5 Minuten) einstellen und mitzählen, wie viele Regentropfen innerhalb dieser Zeit auf das Stück Boden fallen.
Dicke Tropfen machen richtige kleine Krater in den Sand; auf Steinplatten wachsen plötzlich dunkle Flecken.
Wer dieses Spiel öfter spielt, erkennt Unterschiede: Ein Platzregen hat womöglich mehr Treffer in der Minute, als man zählen kann; wenn es sich erst einregnet, sind es vielleicht nur 20 Tropfen in 5 Minuten.

Variante

Die Regentropfen auf einem Stück Tonpapier einfangen: Alle Kinder bekommen ein gleich großes Stück Papier und dürfen damit für eine bestimmte Zeit (je nach Stärke des Regengusses) nach draußen, um Tropfen einzufangen.
Wer die meisten Regentropfen auf seinem Papier einfängt, ist RegenkönigIn!

Buntes Pfützenspringen

Material: Lebensmittelfarben (oder Wasserfarben), viele Pfützen, Gummistiefel
Alter: ab 3 Jahren

Jede Pfütze in einer anderen Farbe einfärben.
Die Spielleitung ruft eine Farbe nach der anderen aus.
Die Kinder springen so schnell wie möglich in die Pfütze, deren Farbe genannt wurde.
Passen alle Kinder hinein?
Wer dreimal als erstes in der Pfütze stand, darf statt der Spielleitung die Farben bestimmen.
Aber aufgepasst: Was passiert mit den Farben in den Pfützen, wenn die Kinder mehrmals hin- und hergesprungen sind?

Pfützen leeren

Material: Gummistiefel, Pfütze
Alter: ab 3 Jahren

Anlauf nehmen und rein in die Pfütze!
Mit jedem Sprung spritzen Tropfen in alle Richtungen und die Pfütze schrumpft zusammen. Schaffen es alle gemeinsam, die Pfütze zu leeren?

Warmer Sommerregen

Material: Badesachen, Handtücher, evtl. Schirme, evtl. warmer Tee oder Kakao
Alter: ab 3 Jahren

Keine Angst vor Erkältungen! Bei den ersten dicken Tropfen eines richtig schönen, warmen Sommerregens schlüpfen alle Kinder in ihre Badesachen und rennen nach draußen.

- ◆ Wie fühlen sich die Tropfen auf der Haut an?
- ◆ Wer schüttelt von einem Zweig Tropfen auf ein anderes Kind herunter?
- ◆ Spritzt irgendwo ein ganzer Wasserstrahl herunter auf die Erde?
- ◆ Wer wagt es, sich mit dem Schirm unter den Strahl zu stellen?
- ◆ Wem gefällt es auch ohne Schirm?
- ◆ Ganz wilde Regenkinder machen auch noch eine Schlammschlacht!

Kinder nicht zu lange draußen lassen und abschließend gründlich abrubbeln.
Gut wäre noch etwas Zeit für einen warmen Tee oder Kakao, bei dem alle erzählen, wie es ihnen im Regen ergangen ist ...

Wetterregeln selbst gemacht!

„Wenn der Hahn kräht auf dem Mist, ändert sich das Wetter oder es bleibt, wie es ist" – so klingt die Verballhornung einer alten Bauernregel. Auch die Seeleute hatten Regeln für die Wettervorhersage, z. B. *„Kommt erst Wind und danach Regen, Schipper kann sich schlafen legen"*. Es macht auch Spaß, sich eigene verrückte Merksätze auszudenken wie *„Kriecht ins Loch hinein der Wurm, kommt gewiss ein großer Sturm"*.

Material: Papier und Stift
Alter: ab 5 Jahren

Die Gruppe sammelt gemeinsam Wetterwörter und ihre Reimwörter, also z. B. „Regen – Segen – fegen – legen" oder „Blitz – Sitz – Ritz". Sind die Reimwörter erst einmal gefunden, fallen den Kindern sicherlich ganz schnell eigene tolle Wetterregeln ein.
Die schreibt die Spielleitung natürlich für die Ewigkeit – oder zumindest für die Eltern – auf!

Leben im Rhythmus der Gezeiten – die Küste

Weiße Sandstrände unter tropischer Sonne, gewaltige Fjorde im rauen Norwegen, steile Felsklippen und Kiesstrände, riesige Flussmündungen, wo sich Süß- und Salzwasser mischen – Küsten können ganz unterschiedlich aussehen. Aber immer bieten sie Menschen und Tieren einen besonderen Lebensraum mit reichem Nahrungsangebot. 312.000 Kilometer Küstensaum umgeben unsere Kontinente auf der ganzen Erde – das entspricht fast der Entfernung zwischen Erde und Mond!

Im Laufe der Erdgeschichte haben sich die Küstenlinien oft verschoben – auch deshalb, weil der Meeresspiegel nicht immer auf gleicher Höhe bleibt. Vor vielen Millionen Jahren gab es eine Zeit, in der die Meeresoberfläche mehr als 100 Meter niedriger lag als heute! Heutzutage steht eher zu befürchten, dass der Meeresspiegel steigen wird, weil sich die Erdatmosphäre durch den Treibhauseffekt erwärmt und die gewaltigen Eismassen der Antarktis zum Schmelzen bringen könnte.

Rauf und runter

Es gibt keine klare Trennlinie zwischen Meer und Küste: Mal ist der Strand ganz breit, mal nur noch ein schmaler Sandstreifen, mehrmals täglich schwappt das Wasser rauf und runter. Mit ein bisschen Geduld können wir dabei zusehen: Eine Muschel, die eben noch auf dem Trockenen lag, wird plötzlich von einer Welle weggetragen, und die Fußspuren der Strandwanderer werden fortgewischt, als ob es sie nie gegeben hätte. Manche Sandburgen mit Wassergräben drum herum stehen weit von der Wasserlinie entfernt auf dem Trockenen, während andere gerade von den Wellen überspült werden.

Der Mond zerrt an der Erde ...

Die Grenze zwischen Wasser und festem Land ändert sich stündlich im Rhythmus von Ebbe und Flut. Ursache der Gezeiten (auch Tiden genannt) ist die Anziehungskraft des Mondes. Der Mond umkreist ständig die Erde. Für eine Umrundung benötigt er 24 Stunden und 50 Minuten. Die Erde hält den Mond auf dieser Kreisbahn: Sie zieht ihn aufgrund ihrer Schwerkraft, die alles nach unten fallen lässt, an. Aber auch der Mond besitzt eine Anziehungskraft. Die ist allerdings kleiner als die der Erde, da der Mond selbst auch beträchtlich kleiner ist. Immerhin reicht diese Anziehungskraft, um wenigstens das Wasser der Weltmeere in Richtung Mond zu ziehen. So entsteht eine Flutwelle, die dem Mond um die Erde folgt. Lässt die Anziehung durch den Mond nach, weil dieser weiterwandert, folgt auf die Flut die Ebbe.

Weil sich die Erde dreht, entsteht auf der vom Mond abgewandten Seite der Erde ebenfalls ein Flutberg. So wechseln sich Ebbe und Flut an einem beliebigen Punkt auf der Erde alle sechs Stunden und 12 Minuten ab.

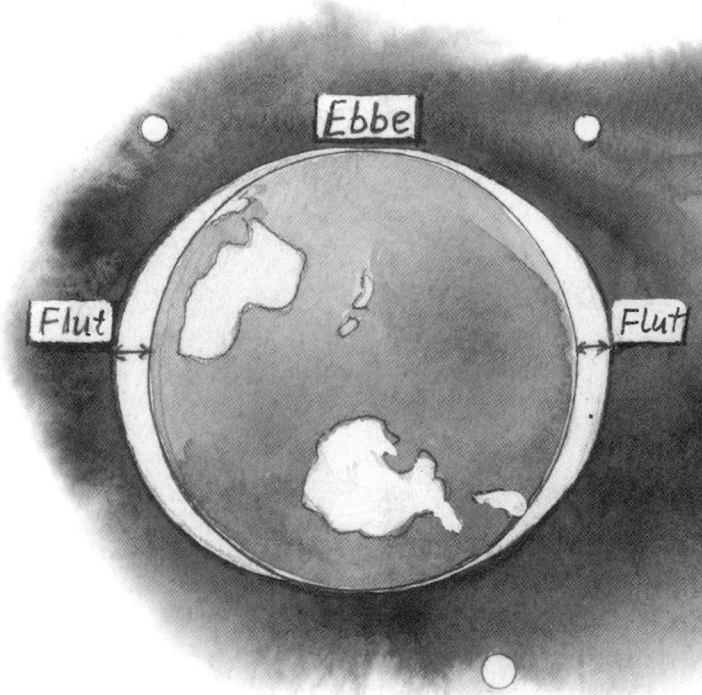

... genau wie die Sonne

Auch die Sonne wirkt mit ihrer Anziehungskraft auf die Erde. Allerdings ist diese Kraft schwächer, weil die Sonne so viel weiter von der Erde entfernt ist. Wenn aber Sonne und Mond in einer Linie stehen und gemeinsam an der Erde zerren, kommt es zu besonders großen Fluten, den Springfluten. Nipptiden dagegen sind Gezeiten, bei denen sich die Kräfte von Sonne und Mond gegenseitig fast aufheben; die Flut steigt dann nicht so hoch.

Der höchste Punkt einer Flut heißt Hochwasser, der niedrigste Punkt einer Ebbe Niedrigwasser. Der Höhenunterschied zwischen Hoch- und Niedrigwasser ist der Tidenhub. Auf hoher See beträgt der Tidenhub etwa einen Meter, aber an den Küsten ist er von den örtlichen Bedingungen abhängig. Mancherorts beträgt der Tidenhub nur wenige Zentimeter, in der kanadischen Bay of Fundy jedoch über 20 Meter.

Spülsäume und Angespül

Jede Flut hinterlässt an ihrem höchsten Punkt eine Unzahl angeschwemmter Dinge: das Angespül. Sie finden sich in einer Linie, die parallel zur Wasserlinie verläuft; diese Linie heißt Spülsaum. Springfluten oder Stürme lagern den Spülsaum ganz oben am Strand ab. Die folgenden weniger starken Fluten hinterlassen ihre Spülsäume näher am Wasser. So kann es sein, dass an einem Strand mehrere Spülsäume untereinander liegen.

In den Spülsäumen gehen Strandläufer auf Schatzsuche: Oft finden sich hier Seeigelgehäuse oder Teile von Krabbenpanzern. Manchmal gibt es sogar Schalen von Muscheln aus anderen Regionen zu entdecken, verschiedene Quallen, tropische Samen und Früchte oder Treibholz mit Entenmuscheln darauf. Meist allerdings werden Algen und Tange angespült (die mancherorts eingesammelt und auf die Felder aufgebracht werden, da sie reich an wichtigen Nährstoffen sind) und leider auch immer häufiger Müll aller Art. Viele Urlaubsorte an der See reinigen vor Saisonbeginn erst einmal ihre Strände von dem ganzen Unrat.

Wer schon einmal Spülsäume durchstöbert hat, hat sicherlich die kleinen Fliegen bemerkt, die sich in Wolken daraus erheben. Diese Tangfliegen legen ihre Eier in den Algen und Tangen ab; ihre Maden ernähren sich von dem mineralreichen Grünzeug. Auch Strandflöhe lassen es sich darin gut gehen.

Leben zwischen Nass und Trocken

Das Land im Wechsel von Ebbe und Flut heißt Gezeitenzone. Es lässt sich in verschiedene Bereiche einteilen:

- Die Spritzwasserzone ist nur sehr selten, bei ausgesprochen hohen Fluten, mit Wasser bedeckt. Sie wird aber durch die Gischt der anbrandenden Wellen ständig benässt. Hier leben vor allem Schnecken. Sie benötigen zwar eine hohe Luftfeuchtigkeit, können aber Trockenzeiten in ihren Gehäusen gut überdauern. Auch graue, gelbe und weiße Flechten kennzeichnen die Spritzwasserzone.
- Die obere Gezeitenzone wird bei nahezu jeder Flut überschwemmt, während die mittlere Gezeitenzone bei fast jeder Ebbe zumindest für kurze Zeit trocken liegt. In diesem Bereich leben Muscheln, die an die Felsen angeheftet sind, um nicht von der Brandung umher geworfen zu werden. Auch Seepocken haften an den Felsen, Krabben tummeln sich in Spalten. Die Tiere und Pflanzen der oberen und mittleren Gezeitenzonen sind

besonders harten Umweltbedingungen unterworfen. Sie müssen im Wasser und an der Luft überleben und dabei sowohl Feuchtigkeit als auch Trockenheit, sowohl große Hitze als auch eisige Kälte überstehen.

◆ Die untere Gezeitenzone schließlich liegt an der Niedrigwasserlinie. Hier finden sich Seeigel, Seeanemonen und Seesterne, also Tiere, die nur im Wasser überleben können.

Das Meer nagt am Land

Wasser ist härter als Stein – zumindest über Jahrmillionen hinweg gesehen! Der ständige Wellenschlag brandet gegen die Felsen der Küsten und unterhöhlt sie, bis gewaltige Felsbrocken abbrechen und ins Meer stürzen. Steine schlagen von den Wellen gestoßen gegeneinander, verlieren ihre scharfen Kanten und werden zu runden Kieseln abgeschliffen. Letztendlich zerreiben die Wellen die Steine zu feinsten Sandkörnern.

Es lohnt sich, Sand einmal unter der Lupe zu betrachten oder sogar eine Sandsammlung von Stränden aus aller Welt anzulegen. Manche Strände, z. B. auf Hawaii, sind schwarz, weil sie aus zerstoßener Lava bestehen. Oft mischen sich auch winzigste Bruchstückchen von Muschelschalen, Seeigeln oder Korallen unter den Sand und geben ihm eine ganz besondere Farbe.

Gleichzeitig formt das Meer die Küste, indem Strömungen Sand und Kies an andere Orte transportieren und dort anhäufen. Sandbänke beispielsweise, die dem Strand vorgelagert sind, verändern ständig ihre Form und Lage. Und nach einem Sturm sieht der Strand am Urlaubsort plötzlich ganz anders aus ...

Der kleine Krebs sucht ein neues Haus

In dem Felstümpel direkt hinter der Kaimauer lebte ein kleiner Krebs. Er hatte zwei winzige Scheren an seinen Vorderbeinen, mit denen er sein Futter fing, zwei niedliche Knopfaugen, die auf kurzen Stielchen saßen, und er war so klein, dass er seinen Hinterleib in ein hübsches, braun gemustertes Schneckenhaus eingerollt hatte. Der kleine Krebs fühlte sich in seinem Schneckenhaus sehr wohl. Wenn er die Gegend erkundete und einen Platz mit besserer Aussicht und mehr Futter fand, nahm er es einfach mit. Und wenn einmal ein Raubfisch vorbeischwamm, verkroch sich der kleine Krebs ganz in seinem Schneckenhaus und kam erst wieder heraus, wenn die Gefahr vorüber war.

In dem Felstümpel wohnte auch ein besonders gefräßiger Fisch. Bei Flut, wenn das Meerwasser in den Felstümpel strömte, schwamm er davon, um sein Futter zu suchen. Doch bei Ebbe, wenn es keinen Weg mehr ins Meer gab, verkroch sich der Fisch unter Wasserpflanzen in einer Felsnische. Manchmal bekam er Hunger, während er auf die nächste Flut wartete. Dann schwamm er durch den Felstümpel auf der Suche nach einem leckeren Happen. Jedes Mal kam er auch am Schneckenhaus des kleinen Krebses vorbei. „Eines Tages krieg' ich dich", knurrte er den kleinen Krebs dann an. Doch der kleine Krebs zog sich nur ganz tief in sein Schneckenhaus zurück, zeigte dem Fisch mit seinen Scheren eine lange Nase und lachte: „Du dummer Fisch! Siehst du nicht, dass ich ein Haus habe, in dem ich immer gut geschützt bin? Du kriegst mich nie!" Und der Fisch trollte sich brummend davon.

Eines Tages schwamm der Fisch wieder hungrig am Schneckenhaus des kleinen Krebses vorbei. „Nana-nana-na-na", sang der kleine Krebs, „komm doch, du kriegst mich ja doch nicht!" Der Fisch wurde wütend und stürzte sich auf den kleinen Krebs. Schwupp, zog der sich in sein Haus zurück – aber was war das? Er passte ja gar nicht mehr ganz hinein! Eine Schere konnte der kleine Krebs nicht mehr in das Schneckenhaus zurückziehen, und der Fisch kam immer näher! Verzweifelt schloss der kleine Krebs die Augen und kniff den Fisch mit seiner Schere in die Lippe. „Autsch!", brüllte der auf und fächelte sich mit seinen Flossen kühles Wasser an die Wunde. „Na warte, du Wicht", schrie er, „das nächste Mal kriege ich dich: Du wächst und wirst immer größer. Bald bist du zu groß für dein Haus und dann fresse ich dich!" Und damit schwamm er davon.

Der kleine Krebs war verzweifelt. Was sollte er nur tun? „Das ist doch gar nicht schlimm", sagte ein violetter Seeigel, der alles mit angehört hatte. „Suche dir doch ein neues, ein größeres Haus!" Das war eine gute Idee! Der kleine Krebs war wieder froh. Am liebsten hätte er sich mit einer Umarmung für diesen guten Rat bedankt – aber bei einem Seeigel ließ er das wohl lieber bleiben! Also rief er einfach nur „Danke!" und krabbelte mit seinem Schneckenhaus davon.

Als erstes kam er zu einem Schneckenhaus, das viel größer war als sein altes. „Prima!", rief der kleine Krebs, „da passe ich mit Sicherheit rein!" Er schlüpfte aus seinem alten Haus, krebste rückwärts in das größere Schneckenhaus hinein und wackelte glücklich mit dem Popo hin und her. „So viel Platz hatte ich ja seit etlichen

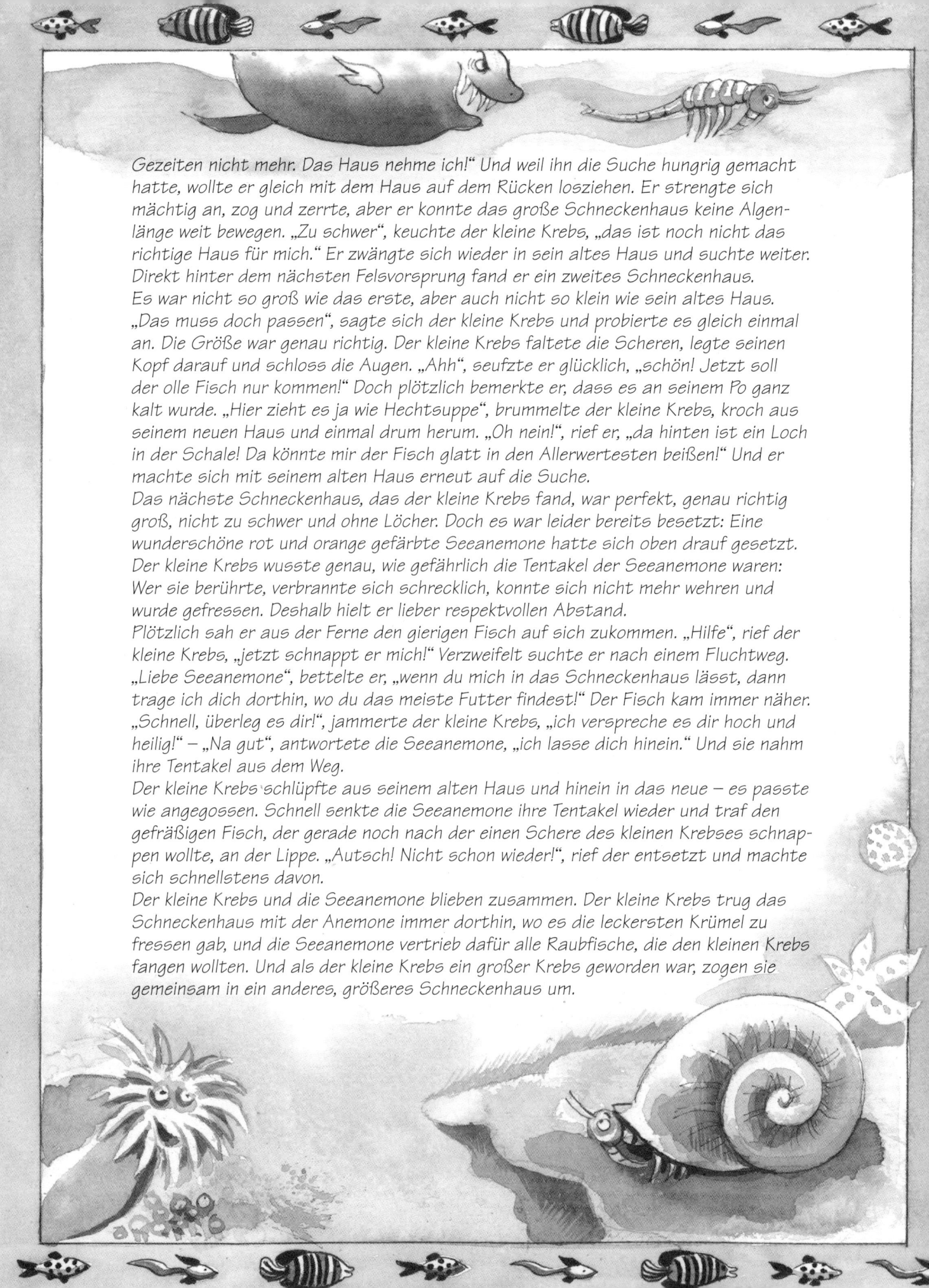

Gezeiten nicht mehr. Das Haus nehme ich!" Und weil ihn die Suche hungrig gemacht hatte, wollte er gleich mit dem Haus auf dem Rücken losziehen. Er strengte sich mächtig an, zog und zerrte, aber er konnte das große Schneckenhaus keine Algenlänge weit bewegen. „Zu schwer", keuchte der kleine Krebs, „das ist noch nicht das richtige Haus für mich." Er zwängte sich wieder in sein altes Haus und suchte weiter. Direkt hinter dem nächsten Felsvorsprung fand er ein zweites Schneckenhaus. Es war nicht so groß wie das erste, aber auch nicht so klein wie sein altes Haus. „Das muss doch passen", sagte sich der kleine Krebs und probierte es gleich einmal an. Die Größe war genau richtig. Der kleine Krebs faltete die Scheren, legte seinen Kopf darauf und schloss die Augen. „Ahh", seufzte er glücklich, „schön! Jetzt soll der olle Fisch nur kommen!" Doch plötzlich bemerkte er, dass es an seinem Po ganz kalt wurde. „Hier zieht es ja wie Hechtsuppe", brummelte der kleine Krebs, kroch aus seinem neuen Haus und einmal drum herum. „Oh nein!", rief er, „da hinten ist ein Loch in der Schale! Da könnte mir der Fisch glatt in den Allerwertesten beißen!" Und er machte sich mit seinem alten Haus erneut auf die Suche.

Das nächste Schneckenhaus, das der kleine Krebs fand, war perfekt, genau richtig groß, nicht zu schwer und ohne Löcher. Doch es war leider bereits besetzt: Eine wunderschöne rot und orange gefärbte Seeanemone hatte sich oben drauf gesetzt. Der kleine Krebs wusste genau, wie gefährlich die Tentakel der Seeanemone waren: Wer sie berührte, verbrannte sich schrecklich, konnte sich nicht mehr wehren und wurde gefressen. Deshalb hielt er lieber respektvollen Abstand.

Plötzlich sah er aus der Ferne den gierigen Fisch auf sich zukommen. „Hilfe", rief der kleine Krebs, „jetzt schnappt er mich!" Verzweifelt suchte er nach einem Fluchtweg. „Liebe Seeanemone", bettelte er, „wenn du mich in das Schneckenhaus lässt, dann trage ich dich dorthin, wo du das meiste Futter findest!" Der Fisch kam immer näher. „Schnell, überleg es dir!", jammerte der kleine Krebs, „ich verspreche es dir hoch und heilig!" – „Na gut", antwortete die Seeanemone, „ich lasse dich hinein." Und sie nahm ihre Tentakel aus dem Weg.

Der kleine Krebs schlüpfte aus seinem alten Haus und hinein in das neue – es passte wie angegossen. Schnell senkte die Seeanemone ihre Tentakel wieder und traf den gefräßigen Fisch, der gerade noch nach der einen Schere des kleinen Krebses schnappen wollte, an der Lippe. „Autsch! Nicht schon wieder!", rief der entsetzt und machte sich schnellstens davon.

Der kleine Krebs und die Seeanemone blieben zusammen. Der kleine Krebs trug das Schneckenhaus mit der Anemone immer dorthin, wo es die leckersten Krümel zu fressen gab, und die Seeanemone vertrieb dafür alle Raubfische, die den kleinen Krebs fangen wollten. Und als der kleine Krebs ein großer Krebs geworden war, zogen sie gemeinsam in ein anderes, größeres Schneckenhaus um.

Strandgut-Rahmen

Mit jeder Flut spült das Meer viele interessante Gegenstände und Lebewesen an den Strand: Tintenfischschulpe, Eier aller Art, Seeigelgehäuse und vieles mehr. Besondere Fundstücke schreien geradezu nach einem hübschen und originellen Rahmen.

Material: 4 kräftige und viele dünne Äste, Messer oder Säge, Bast, Heißklebepistole, Muschelschalen und Meeresfundstücke aller Art
Alter: ab 5 Jahren

Die vier starken Äste auf gleiche Länge sägen und zu einem Rahmen legen.
Die Enden mit Bast kreuzweise zusammenbinden.
Die dünnen Äste innerhalb des Rahmens kreuz und quer mit der Heißklebepistole befestigen.
Rahmen wenden und mit Muscheln, Schneckenhäusern und allerlei anderen Fundstücken oder gebastelten Meerestieren dekorieren.

Strand-Variante

Anstelle der Äste Bastfäden in alle Richtungen über den Rahmen spannen und Fundstücke darin einklemmen oder festbinden.

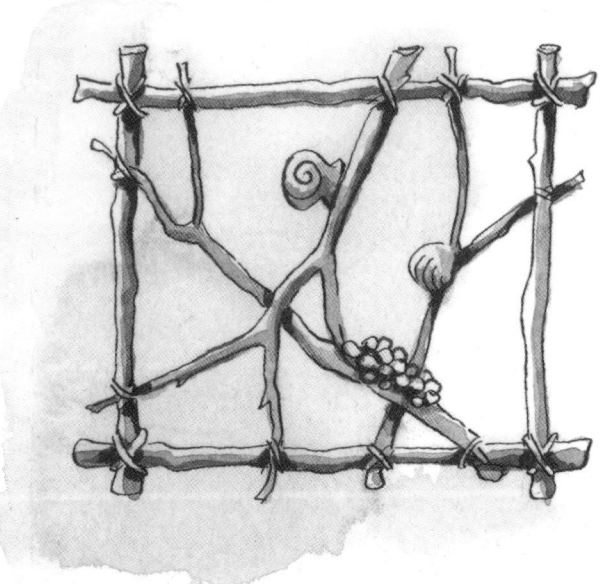

Muschelsammlung

Alle Kinder sammeln gerne Muschelschalen. Die Schalen lassen sich nach Farbe oder Größe sortieren; ernsthafte MuschelsammlerInnen wissen aber, dass nur die Form bestimmt, ob zwei Muscheln zur gleichen Sorte gehören.

Material: weißer Tonkarton, Lineal, Stift und Schere, Locher, flüssiger Klebstoff, Sand, Muschelschalen und Schneckenhäuser aller Art, Lederbänder oder andere schöne Bänder
Alter: ab 5 Jahren

Aus dem Tonkarton eine gerade Anzahl Rechtecke oder Quadrate in der Größe eines kleinen Bilderrahmens schneiden.
Bei der Hälfte dieser Stücke das Innere ausschneiden und nur einen äußeren Rand stehen lassen – das sind die Rahmen; die anderen Stücke sind die Rückwände.
Alle Kartonstücke in den Ecken lochen.
Die Rückwände gleichmäßig mit Klebstoff bestreichen und Sand aufkleben.
Ist der Klebstoff getrocknet, die Ränder mit Kleber bestreichen und die Rahmen aufkleben.
Einige wenige ausgewählte Muschelschalen oder Schneckenhäuser auf das Sandbild kleben.
Das Band durch die Löcher fädeln, so dass es auf dem seitlichen Rahmen aufliegt, hinter den Löchern mit Knoten sichern, damit die Rahmen nicht alle aneinander rutschen, und mehrere Bilder untereinander hängen.
Enden verknoten und Rahmen daran aufhängen.

Muschelsammlung in Gips

Da Gips recht schnell aushärtet, müssen die Kinder bei dieser Bastelei zügig arbeiten.

Material: je Kind eine runde Käseschachtel aus Pappe, Gips, Wasser, Gefäß zum Anrühren, kleine Muschelschalen, breites Textilband (zum Aufhängen)
Alter: ab 3 Jahren (mit Hilfe beim Gipsrühren)

Den Gips mit Wasser anrühren und in die runde Form gießen.
Muschelschalen in den weichen Gips drücken, aber nicht versenken!
Trocknen lassen.
Form entfernen und dekorativ ausstellen oder aufhängen.
Dazu ein breites Band um den Gipsrand führen und verknoten.
Am Ende des Bandes einen weiteren Knoten machen und auf einen Nagel an die Wand hängen.

Was fressen Muscheln?

Muscheln sind Filtrierer. Das bedeutet, dass sie ständig das Meerwasser an ihren Kiemen vorbeiströmen lassen und dabei nicht nur Sauerstoff, sondern auch winzige Nahrungsteilchen herausfiltern.

Material: 1 großer Eimer mit frischem Meerwasser, 1 lebende Muschel, etwas Milch; evtl. Kaffeefiltertüte, Kaffeefilter, 2 Gläser, Wasser, Sand
Alter: ab 4 Jahren

Die Muschel in das Meerwasser setzen und etwas Milch hinzugeben, so dass sich das Wasser ganz leicht trübt (zu viel Milch verdünnt den Salzgehalt des Meerwassers und ist deshalb für die Muschel nicht gut).
Den Eimer in den kühlen Schatten stellen!
Nach einer Weile nachschauen: Ist das Wasser wieder klar geworden? Ja, denn die Muschel filtert das Milcheiweiß aus dem Wasser heraus!

Variante ohne lebende Muschel

Eine Kaffeefiltertüte am oberen Rand wellig einschneiden, so dass sie einer Muschelschale ähnelt, und in den Kaffeefilter setzen.
Kaffeefilter auf ein Glas stellen.
In einem anderen Glas Sand mit kaltem Wasser vermischen und die Kinder auf die Körner aufmerksam machen: Das sind die Nahrungsteilchen.
Wasser und Sand in den Kaffeefilter schütten und beobachten, was unten wieder herauskommt und was in der Muschel bleibt!

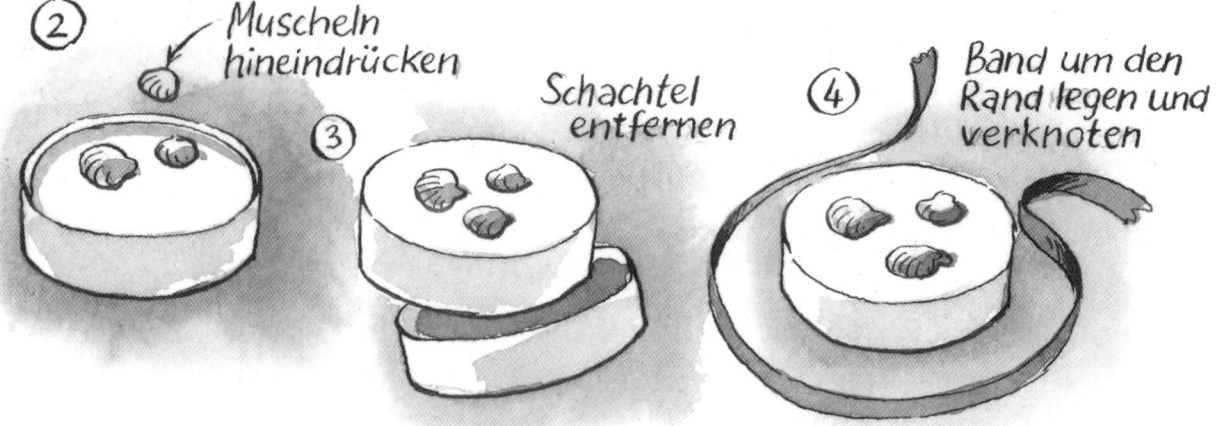

Muschel-Windspiel

Oftmals werden durchlöcherte Muschelschalen an den Strand gespült. Diese Löcher können entstehen, wenn die Brandung die Schalen umherwirbelt und an Steine schlägt; es gibt aber auch räuberische Schnecken, die lebende Muscheln anbohren, töten und auffressen. Ein kreisrundes Loch in der Muschelschale weist auf einen solchen Schneckenangriff hin.

Material: Muschelschalen mit Loch, Schnur, Schere, Ast oder Holzring; evtl. Leder- oder Bastband
Alter: ab 4 Jahren

Mehrere Muschelschalen in eine Schnur einknoten.
Mehrere Schnüre anfertigen und eng beieinander an einen Ast oder den Holzring hängen.
Das Windspiel mit einem weiteren Stück Schnur draußen im Wind aufhängen und seinen Klängen lauschen.

Variante

Eine besonders schöne oder mehrere dekorative Muschelschalen in Abständen in ein Leder- oder Bastband knoten und als Halskette oder (wie echte Insulaner) als Fußband umbinden.

Federsammlung

Federn gehören zu den häufigsten Fundstücken an der Küste. Eine Feder verrät einiges durch ihr Aussehen: Weiche, fusselige Federn sitzen direkt am Körper, um ihn zu wärmen. Große, kräftige Federn mit ausgeprägtem Kiel und Schaft gehören an den Flügel. Wenn der Schaft nicht genau in der Mitte der Feder, sondern näher an einem Rand sitzt, handelt es sich um eine Schwungfeder – die schmale Kante zeigte am Flügel in den Wind.

Material: Wellpappe in beliebigen Farben, Schere, Kleber, Federn aller Art
Alter: ab 3 Jahren

Ein Stück Wellpappe kreisförmig ausschneiden. Aus Wellpappe ca. 5 cm breite Streifen in beliebiger Länge zuschneiden und spiralförmig auf die Scheibe aus Wellpappe kleben.
Gesammelte Federn in die Spirale von oben hineinstecken und an einem schönen Ort zur Schau stellen.

Möwen-Katapult

Möwen sind die häufigsten Küstenvögel und richtige Flugakrobaten im Wind. Manche Arten leben das ganze Jahr an der Küste, andere kommen nur zum Brüten an Land. Dann sammeln sie sich in lärmenden Kolonien an felsigen Küsten.

Material: Toilettenpapierrolle, weißes Papier, Klebstoff oder Klebeband, spitze Schere, Federn (echte Möwenfedern vom Strand, Vogelfedern aus dem Garten oder Federn aus dem Bastelladen), schwarzer Stift, Gummiband, gerader Stock oder Stab
Alter: ab 5 Jahren

Die Toilettenpapierrolle in das weiße Papier einschlagen und die überstehenden Papierränder in das Innere der Rolle umschlagen und dort festkleben.
Mit der Schere in der Mitte der Rolle zwei gegenüber liegende Löcher einstechen und dort Federn als Flügel hineinstecken.
Das Gummiband aufschneiden.
Links und rechts vom „Po" des Vogels zwei weitere Löcher pieksen und das Gummi wie einen Faden daran festbinden.
Ein weiteres Loch in den Rücken stechen und da hinein die Schwanzfedern stecken.
Am „Kopf" zwei Augen aufmalen.
Das Gummi auf die Spitze des Stabes legen und diesen durch den Vogel hindurch schieben, so weit es das Gummi erlaubt.
Lassen die Kinder die Toilettenpapierrolle los, katapultiert das Gummi die Möwe in den Himmel.
Welcher Vogel fliegt wohl am weitesten?

Der Fischkutter und die Möwen

Oft folgen die Möwen Fischkuttern auf See oder in den Hafen, um sich ihren Teil vom Fang der Fischer zu stibitzen. Sie fressen aber auch Krabben und Muscheln, Eier und die Küken anderer Vögel.

Material: viele Fliegende Fische (s. S. 54) oder Feuerfische (s. S. 58), Schüssel
Alter: ab 3 Jahren

Ein Kind spielt den Fischkutter und erhält die mit den Fischen gefüllte Schüssel.
Alle anderen Kinder sind die hungrigen Möwen. Sobald der Fischkutter ablegt und mit voller Kraft den Hafen verlässt, folgen ihm die Möwen auf dem Fuß.
Ständig fallen vom Fischkutter einige Fische zurück ins Meer, d. h. das Kind, das den Fischkutter spielt, wirft aus seiner Schüssel Fische hinter sich, während es durch den Raum flitzt.
Die gierigen Möwen versuchen so viele Fische wie möglich zu ergattern.
Die Möwe, die die meisten Fische fangen konnte, ist in der nächsten Runde der Fischkutter.

Variante

Die Spielleitung verstreut die Fische auf dem Boden; das ist das Meer.
Die Kinder teilen sich in zwei gleich große Teams auf: Möwen und Fischer. Sie sind nun KonkurrentInnen: Auf ein Startsignal hin stürmen alle los, um die Fische einzusammeln.
Haben am Ende die Fischer oder die Möwen den größeren Fang gemacht?

Unterwasser-Gucker

Die Tümpel einer Felsküste bieten bei Ebbe ein spannendes Bild des Lebens unter Wasser. Der Unterwasser-Gucker hilft beim Eintauchen in diese geheimnisvolle Welt, indem er Lichtreflexionen auf der Wasseroberfläche umgeht und durch die Wölbung der Folie unter Wasser wie eine Lupe wirkt. Übrigens: Auch der Blick in den Gartenteich oder die Unterwasser-Spielwelt im Planschbecken lohnt sich!

Material: leere Konservendose, Dosenöffner, Klebeband und Schere, starke Klarsichtfolie, kräftiges Gummiband
Alter: ab 3 Jahren (mit Hilfe eines Erwachsenen)

Boden und Deckel der Konservendose mit dem Öffner entfernen.
Damit sich niemand an den scharfen Rändern schneidet, diese mit dickem Klebeband umkleben.
Ein Stück Klarsichtfolie straff über ein Dosenende spannen und mit dem Gummi fixieren. Fertig ist der Unterwasser-Gucker!
Zum Beobachten unter Wasser das Dosenende mit der Folie ins Wasser tauchen und von oben hindurch schauen.

Seestachelbeeren betrachten

Seestachelbeeren sind kleine, kugelige Verwandte der Quallen. In Form und Größe erinnern sie an Stachelbeeren, aber sie sind durchsichtig wie Glas. Oft findet man sie an den Strand angespült.

Material: 1 Eimer mit frischem Seewasser, Seestachelbeere, evtl. Unterwasser-Gucker (s. S. 31)
Alter: ab 3 Jahren

Den Strand nach Seestachelbeeren absuchen und in den Eimer setzen. Genau hinschauen, denn auf den ersten Blick sehen sie Luftblasen zum Verwechseln ähnlich!
Eine lebende Seestachelbeere wird in dem Eimer umherschwimmen. Jetzt sind die Reihen von winzigen Wimpern an ihrem Körper, mit deren Hilfe sie schwimmt, und die zwei Tentakel (mit denen sie Nahrung einfängt) gut zu sehen. Manchmal allerdings fehlen die Tentakel: Sie reißen ab, wenn die Seestachelbeeren an den Strand gespült werden.

Seepocken beobachten

Seepocken sind die kleinen hellen Krebse, die in der Gezeitenzone fest auf den Felsen sitzen. Ihr Haus besteht aus ihrem eigenen Panzer. Sie haften kopfüber auf den Felsen, strecken ihrer Umwelt also eigentlich den Popo entgegen! Bei Ebbe schließen sich die Pocken fest in ihrem Gehäuse ein, um nicht zu vertrocknen. Bei Flut aber strecken sie ihre fächerartigen Beine ins Wasser, um mit ihnen ihre Nahrung einzufangen.

Material: Stein mit Seepockenbewuchs, Eimer mit frischem Meerwasser, evtl. Unterwasser-Gucker (s. S. 31)
Alter: ab 4 Jahren

Den Stein in den Eimer mit Meerwasser legen und geduldig warten. Bald öffnen die Seepocken ihre Gehäuse und strecken die feinen Beinchen heraus.

Seestachelbeeren

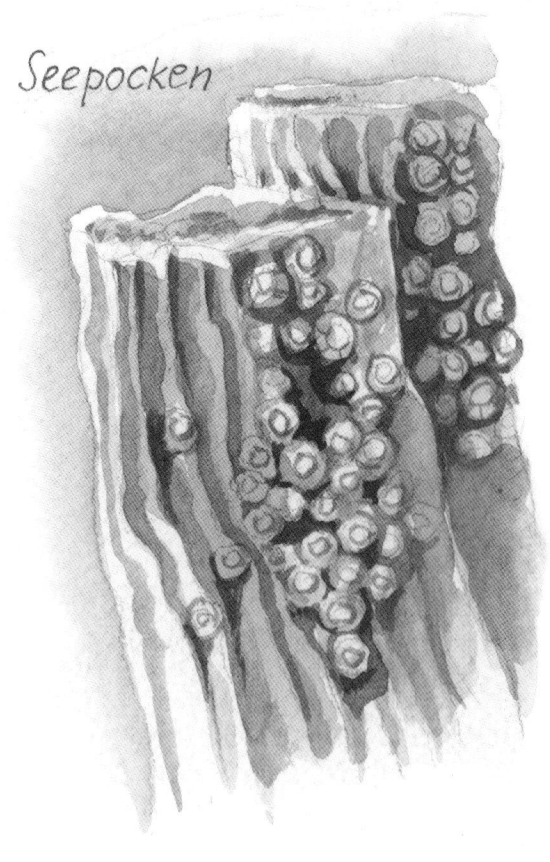

Seepocken

Seepocken basteln

Seepocken haften sich nicht nur auf Felsen fest, sondern auch an Schiffsrümpfen, Muscheln, Krabben und sogar Walen!

Material: großer Stein, heller Ton oder lufttrocknende Modelliermasse, flusige Feder, Schere
Alter: ab 3 Jahren

Ein etwa murmelgroßes Stück Ton vulkanförmig auf den Stein drücken. Dabei können ruhig Kanten entstehen, denn das Gehäuse der Seepocken ist aus mehreren Platten zusammengefügt. Von der Feder die Spitze abschneiden und oben in die Seepocke stecken – das sind die Beine. Nun muss die Seepocke nur noch in der Sonne trocknen.

Der Blick ins Schneckenhaus

Schnecken sind enge Verwandte der Muscheln. Ihr Haus besteht aus einem Stück; Muschelschalen dagegen sind immer zweiteilig, auch wenn Kinder am Strand oft nur einzelne Schalenhälften finden. Aber wie wohnt eigentlich so eine Schnecke? Ist es nicht sehr eng in ihrem Haus? Hier kann jeder einen Blick in das Schneckendomizil werfen!

Material: recht großes Schneckenhaus, Sandpapier
Alter: ab 4 Jahren

Schneckenhaus auf Sandpapier so lange reiben und abfeilen, bis die inneren Strukturen zu sehen sind. Vorsichtig schrubben, damit die Finger nicht leiden!

Napfschnecken-Spiel

Napfschnecken sitzen bei Ebbe auf den Steinen von Felsküsten fest – bombenfest! Bei Flut jedoch weiden sie den feinen Algenfilm auf den Steinen ab. Ihre Kriechspuren sind bei Ebbe dann gut zu erkennen.

Material: grüner und grauer Tonkarton (50 x 80 cm), Lineal, schwarzer Filzstift, Schere, 1 Schale der Napfschnecke oder kleine Spielfigur pro Kind; evtl. orangefarbener Karton
Alter: ab 4 Jahren

Vorbereitung

Von dem grünen Tonkarton an den Rändern jeweils ca. 3 cm abschneiden, mittig auf den grauen Karton legen und mit dem Stift umfahren.
Das Innenfeld des grauen Kartons mit dem Lineal in viele quadratische Felder unterteilen.
Auf den grünen Karton ein Gitter gleicher Größe malen.
Den grünen Karton in Quadrate zerschneiden – das sind die Algen.
Die Algenplättchen auf die Felder des grauen Kartons, des Steines, legen – wenn alle SpielerInnen mithelfen, geht das ganz schnell!

Spielverlauf

Jedes Kind bekommt eine Napfschnecke (Spielfigur) und darf sie an beliebiger Stelle auf ein Quadrat setzen. Das grüne Algenplättchen dieses Quadrats darf es an sich nehmen – der erste Gewinn!
Das Kind, das beginnt, zieht seine Napfschnecke in gerader Linie (nicht diagonal) über den Stein, so weit es möchte bzw. so weit es geht. Alle Algen, über die es zieht, darf es abweiden und auf seinen Stapel legen. Es darf auch über Felder gehen, die schon abgeweidet sind.
Dann ist das nächste Kind an der Reihe.
Das Spiel dauert so lange, bis alle Algen abgegrast sind.
Wer am Ende die meisten Algenplättchen gesammelt hat, ist die Superschnecke!

Übrigens: Anfangen darf, wer am längsten die Luft anhalten oder am schnellsten „napfförmige Napfschnecken zupfen an den Algen" sagen kann!

Variante

Schwieriger wird es, wenn ein Seestern ins Spiel kommt. Dazu aus orangefarbenem Tonkarton einen Seestern mit fünf Armen ausschneiden. Er sollte so groß sein, dass sein Körper den Platz eines Algenplättchens einnimmt und seine Arme je eine Plättchenlänge zu allen Seiten ragen.
Am Spielbeginn sitzt der Seestern in der Mitte des Spielfelds.
Jedes Kind darf nach seinem Zug den Seestern um ein Feld verschieben (aber nicht den Zug des Vorgängers rückgängig machen!).
Der Seestern weidet natürlich keine Algen ab; er frisst viel lieber Napfschnecken! Deshalb darf keine Schnecke über ein Feld ziehen, das der Seestern berührt.

Alge, Muschel, Fisch

Alge, Muschel und Fisch können sich gegenseitig gefährlich werden: Manche Fische fressen Muscheln, Muscheln sieben winzige Algen aus dem Meerwasser und einige Algen können ein Gift absondern, das auf Fische tödlich wirkt.

Material: keines
Alter: ab 5 Jahren

Vorbereitung

„Alge, Muschel, Fisch" wird nach dem gleichen Prinzip gespielt wie „Stein, Schere, Papier". Die Meeresbewohner unterscheiden sich folgendermaßen durch ihr Verhalten:

- Alle „Fische" machen blubbernde Geräusche und wedeln mit den Flossen.
- Alle „Muscheln" schlagen mit gestreckten Armen die Hände von oben nach unten in einer klappenartigen Bewegung gegeneinander und schlürfen dabei laut.
- Alle „Algen" machen „ppffttt" und geben vor, mit den Händen Gift zu verspritzen.

Die Gesten und Geräusche vor dem Spiel einüben!

Spielverlauf

Die Kinder bilden zwei gleich große Teams und vereinbaren die Grenzen eines länglichen Spielfeldes.
Jedes Team zieht sich zurück und bespricht leise, ob es „Alge", „Fisch" oder „Muschel" sein möchte. Die andere Gruppe darf das nicht hören!
Sobald die Entscheidung gefallen ist, treffen sich beide Teams in der Mitte des Spielfeldes und stellen sich nebeneinander in sich gegenüber liegenden Reihen auf – wie Football-Spieler vor dem Anpfiff. Der Abstand zwischen den beiden Reihen sollte nicht mehr als einen oder anderthalb Meter betragen.
Auf das Startsignal der Spielleitung hin offenbart sich jedes Team durch entsprechende Gesten und Geräusche.
Nun ist schnelle Reaktion gefragt: Hat sich das eine Team als „Algen" offenbart und das andere als „Fische", drehen die Fische sich blitzschnell um und flüchten zu ihrem Spielfeldende, wo sie in Sicherheit sind, während die Algen hinterherlaufen und versuchen, Fische zu fangen.
Gefangene Fische wechseln in der nächsten Runde in die andere Gruppe.
Hat sich aber eine Gruppe für „Algen" und die andere für „Muscheln" entschieden, flüchten die Algen und werden von den Muscheln verfolgt.
Sollten sich beide Teams für das gleiche Lebewesen entschieden haben, müssen sie sich neu beraten.
Dieses Spiel ist herrlich chaotisch und bricht das Eis in Gruppen, die sich gerade erst getroffen haben!

Zaungäste

Ein echter Blickfang, bei dessen Gestaltung alle mitmachen!

Material: Krepppapierbänder in verschiedenen Farben, Maschendrahtzaun um das Gelände, evtl. verschiedenfarbige Plastikstreifen
Alter: ab 5 Jahren

Mit den Bändern Meerestiere in die Maschen des Zauns weben, z. B. rautenförmige bunte Fische, aber auch leuchtend rote Seesterne oder – für Fortgeschrittene – eine weiße Möwe oder eine orange Krabbe, die mit den Scheren winkt.

Tipp
Die Zaungäste überdauern auch einen Regenguss, wenn sie aus verschiedenfarbigen Plastikstreifen gewebt sind.

Strandbild – Sandbild

Material: Sand, Plakafarben, kleines Gläschen oder Schüssel, Karton, Pinsel oder Spatel
Alter: ab 3 Jahren

Orangefarbene, beige oder hellbraune Plakafarbe mit dem Sand vermischen.
Das Gemisch als Stranduntergrund mit einem großen, festen Pinsel oder mit einem Spatel auf dem Karton deckend verteilen.
Trocknen lassen.
Mit purer Plakafarbe ein Strandleben aufmalen: z. B. Kinder, die Ball spielen, Familien unterm Sonnenschirm oder Krabben, Möwen und andere Tiere – was immer den Kindern von ihrem letzten Strandurlaub noch in Erinnerung ist.

Wasserrennen

Material: je Mannschaft 1 Eimer, Planschbecken mit Wasser gefüllt, je Kind 1 Förmchen, evtl. Badesachen
Alter: ab 3 Jahren
Ort: draußen

Gleich große Teams bilden, z. B. die in Badehose gegen die Nackedeis oder die mit einem Tierförmchen gegen die mit anderen Förmchen. Jedes Team stellt mindestens 6 m vom Planschbecken entfernt einen leeren Eimer vor sich auf den Boden und bildet dahinter eine Schlange.
Auf das Startsignal hin rennt das erste Kind jedes Teams zum Planschbecken, füllt sein Förmchen mit Wasser und macht sich so schnell wie möglich auf den Rückweg.
Vorsicht – nichts verschütten! Erst, wenn das erste Kind sein Wasser in den Eimer gegossen hat, darf das nächste Kind in der Schlange starten.
Die Gruppe, die als erstes ihren Eimer gefüllt hat, darf die andere Gruppe mit dem Wasser nass spritzen!

Strand-Variante 1
Der Eimer wird mit Wasser aus dem Meer gefüllt. Jedes Team spielt mit einem Förmchen, das nach Entleeren in den Eimer an das nächste Kind übergeben wird.

Strand-Variante 2
Zwei Kinder spielen gegeneinander und laufen immer hin und her.

Strandkrabbe

Strandkrabben leben an Sandstränden und Felsküsten. Sie können sich blitzschnell mit den hinteren Beinen in den nassen Sand eingraben und fallen deshalb am Strand meist gar nicht auf. Wer doch mal eine findet, braucht keine Angst vor den Scheren zu haben: Mit dem Daumen den hinteren Teil des Panzers nach unten drücken und mit dem Zeigefinger zwischen dem letzten Beinpaar die Unterseite greifen. So kann nichts passieren!

Material: große, möglichst dreieckige Muschelschale, Pfeifenreiniger in Braun- oder Orangetönen, Zange oder Schere, Heißklebepistole, Wackelaugen; evtl. Plakafarbe (orange oder braun), Pinsel, Klarlack
Alter: ab 5 Jahren

Das spitze Ende der Muschel ist hinten, das runde ist vorne.
Sechs Pfeifenreiniger auf die passende Länge für Beine kürzen und in der Mitte miteinander verdrillen.
Die Beinchen an die Muschelinnenseite, also die Unterseite der Krabbe kleben.
Die vier hinteren Pfeifenreiniger links und rechts vom Körper in die Form von Krabbenbeinchen biegen.
Die beiden vorderen Pfeifenreiniger jeweils miteinander verdrillen, wo sie unter dem Körper hervorschauen, und an den Enden wie Scheren auseinander biegen (s. Abb.).
Auf die Vorderseite zwei Wackelaugen kleben.
Die Strandkrabbe würde sich sicher in den Algensteinen (s. rechte Spalte) wohl fühlen!

Variante
Muschel vor dem Basteln orange oder braun bemalen, eventuell lackieren und trocknen lassen.

Algensteine

Algen sind die ursprünglichsten Pflanzen überhaupt. Als die Erde noch jung war, schufen sie – praktisch nebenbei – unsere Sauerstoffatmosphäre. Auch heute noch wird ein Großteil des für uns lebensnotwendigen Sauerstoffs nicht von den Landpflanzen, sondern von den Algen der Weltmeere gebildet.

Material: große und kleine Steine, flache Wanne, Wollfäden und Stofffetzen in verschiedenen Grüntönen, wasserfester Kleber, Wasser, Muschelschalen, Schneckenhäuser und ähnliches Material zum Dekorieren
Alter: ab 3 Jahren

Die Steine in der Wanne anordnen, so dass es ganz natürlich aussieht.
Wollfäden und Stofffetzen als Algen auf den Steinen festkleben.
Wanne z. T. mit Wasser auffüllen und als Felsküste dekorieren, z. B. mit Muschelschalen, Schneckenhäusern, der Strandkrabbe (s. S. 37) oder dem Seeigel (s. S. 39).

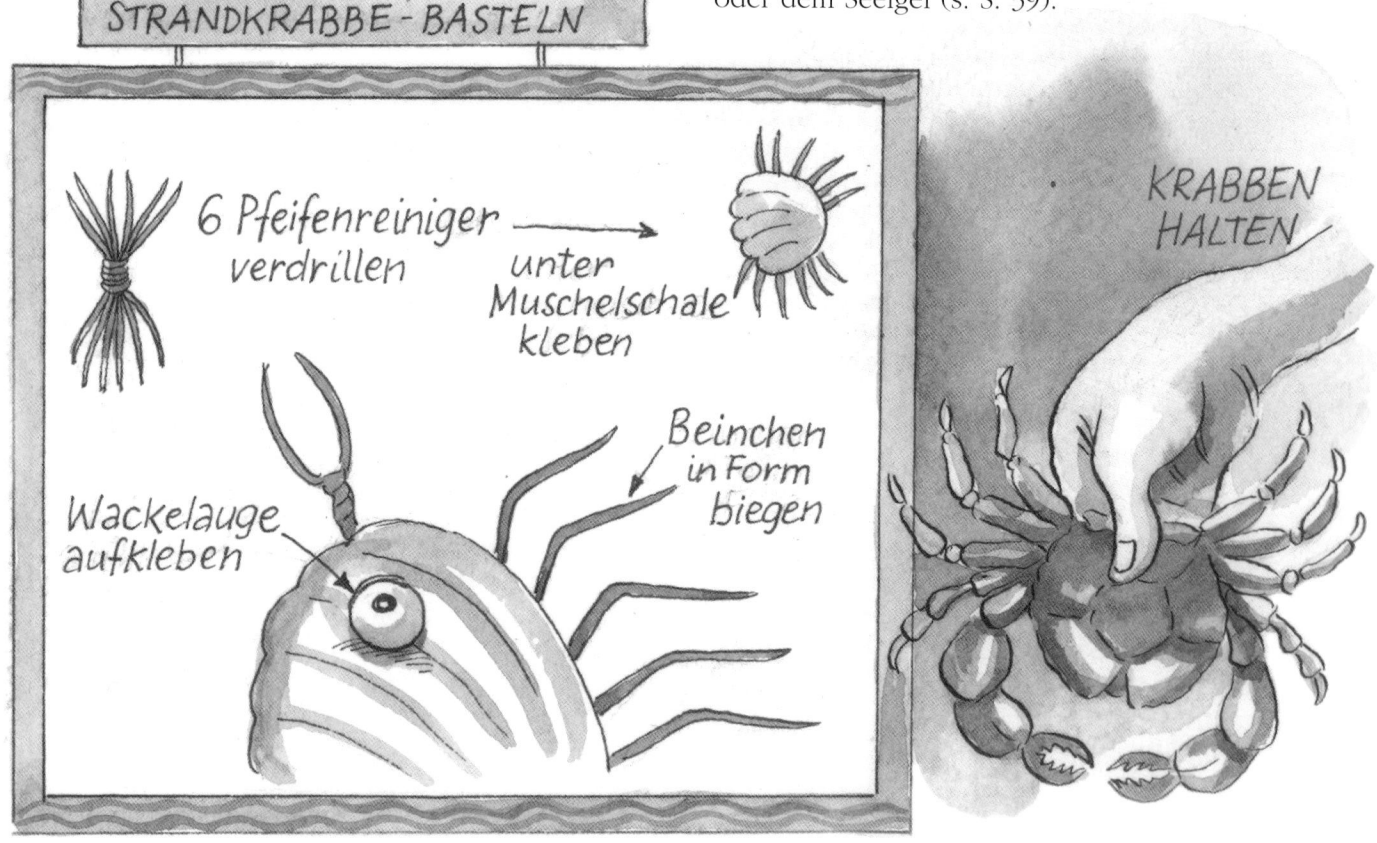

Leckeres Algen-Sushi

Über 70 verschiedene Arten von Tang und Algen dienen Menschen als Nahrung, vor allem in Südostasien. Vielleicht möchten die Kinder einmal Algen-Snacks probieren – die gibt es im gut sortierten Supermarkt oder im Asia Laden. Als Kombu wird die Braunalge Laminaria bezeichnet. Sie wächst auch im Atlantik, z. B. vor der Küste der Bretagne, enthält 500mal so viel Jod wie normales Gemüse und ist magnesiumhaltiger. Und auch einmal auf die Zutatenliste von Pudding-Fertigprodukten achten: Das oft darin enthaltene Geliermittel Carrageen wird aus Rotalgen gewonnen.

Material: Reis, Salz, Topf mit Wasser, evtl. Pfanne, Küchenpapier, Brett, Esslöffel, evtl. Zahnstocher
Zutaten: 1 Kombu-Blatt pro Sushi, gekochte Krabben, Safran, Tomatenstückchen, Oregano
Alter: ab 5 Jahren

Den Reis nach Packungsanleitung in Salzwasser kochen: je klumpiger, desto besser!
Wasser abgießen.
Während der Reis kocht, die getrockneten Kombu-Algen 3–5 Minuten in Wasser einweichen. Sie sollten nicht wabbelig werden, sondern nur so viel Wasser aufnehmen, dass sie ihre normale Form und Größe erreichen.
Nach dem Einweichen die Kombu-Algen mit Küchenpapier trocken tupfen und entweder roh verwenden, ein paar Minuten in kochendem Wasser dämpfen oder kurz in der Pfanne anbraten.
Streifen von etwa 20 cm Länge schneiden. Jeden Streifen faltenlos auf einem Brett ausbreiten. Den einen Teil des Reis mit Krabben und Safran, den anderen mit Tomatenstückchen und Oregano mischen und je einen Esslöffel Füllung an einem Ende auf die Streifen legen.
Das Kombu-Blatt möglichst fest um die Füllung wickeln. Wer mag, kann die Röllchen mit einem Zahnstocher feststecken.

Algen-Drink

Weil Algen so reich an Mineralstoffen sind, genügt schon eine kleine Menge zur Ernährungsergänzung. Blaualgen sind in Reformhäusern (auf Bestellung) erhältlich.

Material: Mixer, Trinkglas
Zutaten: 100 ml Apfelsaft, 5 Erdbeeren, 10 Himbeeren, 10 Brombeeren, 1 TL (entspricht 5 ml) Blaualgen
Alter: ab 4 Jahren

Alle Zutaten in den Mixer geben, zerkleinern und mischen.
Den Drink eine Weile in den Kühlschrank stellen und gut gekühlt servieren.

Seeigel

Seeigel sind Verwandte der Seesterne. Sie fressen Algen und festsitzende Meerestiere, also z. B. Seepocken. Leere Seeigelgehäuse werden manchmal an den Strand gespült: An den Höckern dieses Panzers saßen beim lebenden Tier die Stacheln fest.

Material: Styroporball, beliebige Acrylfarbe, Pinsel, Zahnstocher
Alter: ab 3 Jahren

Styroporball zum Festhalten auf einen Zahnstocher pieksen und bemalen.
Nach dem Trocknen beliebig viele Zahnstocher von allen Seiten in den Seeigel stecken.

STRANDSPIELE

Das bin ich!

Das Mandala wird wunderschön! Komm, du bist dran mit Legen! Oder ist es schon fertig?

SANDSPIELE

Die Steine sind als Augen bemalt. Wer wirft das witzigste Gesicht?

Ich als Strandkönig befehle: Bringt mir eine Muschelschale mit Loch! (Bringt mir etwas Spitzes. Bringt mir etwas lebendiges!) Wer mir diesen Wunsch erfüllt, erhält die Krone und darf den nächsten Befehl geben!

Von welchem Gegenstand stammt wohl dieser Abdruck?

Dünen

Dünen entstehen an wenig geschützten Sandküsten. Der Wind treibt den Sand ins Landesinnere und hält auch die Dünen immer in Bewegung. Die wenigen Pflanzen, die in Dünen gedeihen, halten den Sand mit ihren Wurzeln zusammen und schützen die Düne so. Menschen sollten nicht in den Dünen herumwandern, sondern auf den extra bereitgestellten Bohlenwegen bleiben.

Material: großer Schuhkartondeckel, Lego- oder Holzklötze in verschiedenen Größen und Formen, wasserlöslicher Kleber, Sand (oder Vogelsand), Fön
Alter: ab 5 Jahren (mit Variante für ältere Kinder)

Den Schuhkartondeckel zur Gestaltung der Dünenlandschaft vor sich auf den Tisch legen. In die hinteren zwei Drittel verschiedene Klötze in beliebiger Anordnung kleben, am vorderen Rand den Sand anhäufen.
Mit dem Fön (auf kleiner Stufe vorsichtig anfangen!) den Sand in Richtung Klötze pusten und beobachten, was geschieht.

Variante für ältere Kinder
Ältere Kinder variieren die Windstärke, die Größe der Sandkörner (Vogelsand – normaler Sand aus dem Sandkasten) und die Anordnung der Klötze. Was geschieht z. B., wenn ein Klotz im Windschatten eines anderen liegt?

Tipp
Eine Wanderdüne entsteht, wenn sich gar keine Klötze auf der Pappe befinden! Und damit die Düne nicht aus Versehen auf den Teppich wandert, lieber draußen ausprobieren!

Das Watt – ein Schaubild

Das Watt ist eine ganz besondere Küstenlandschaft. Der Meeresboden fällt so leicht ab, dass sich das Meer bei Ebbe kilometerweit zurückzieht und der Untergrund dauerhaft sehr feucht bleibt. Bei Flut kommt das Meer mit der Geschwindigkeit eines galoppierenden Pferdes zurück. Bei Wattwanderungen sollten Urlauber deshalb immer in Begleitung eines ortskundigen Führers sein!
Viele Tiere leben im Sand und Schlick. Muscheln graben sich ein und strecken ein Atemrohr zur Oberfläche empor. Der rötliche Wattwurm lebt in einer U-förmigen Röhre – von ihm stammen die kleinen Häufchen im Watt. Möwen überfliegen das Watt und halten nach Nahrung Ausschau, während der Austernfischer Muscheln aus ihrem Sandversteck pickt.

TEPPICHMUSCHEL

Material: Zeitung, Tapetenbahn, Erde, angerührter Kleister, Schüssel oder Eimer, verschiedene Muschelschalen, Wollfäden, Klebstoff
Alter: ab 3 Jahren

Zeitungen auf dem Boden ausbreiten und Tapete darauf ausrollen.
Erde und Kleister in einer Schüssel vermischen und mit den Händen auf die Tapete matschen. Mit dem Finger U-förmige Röhren in die Erde malen. Trocknen lassen.
Muschelschalen auf die Erde und Würmer aus dicken Wollfäden in die Röhren kleben.
Jedes Kind kann auf diese Art sein eigenes kleines Wattbild auf einem Stück Tapete erstellen. Möchten mehrere Kinder zusammenarbeiten, entsteht auf einer ganzen Tapetenbahn ein großes Gruppenbild, das die Gruppenleitung aufhängen kann, sobald der Kleber getrocknet ist.

Deiche

Wo Wasser und Land sich in der Höhe kaum unterscheiden, besteht bei jedem Sturm die Gefahr, dass das Wasser das Land überschwemmt. Deiche dienen als Barriere gegen das Wasser. Dazu müssen sie besonders fest und wasserundurchlässig gebaut sein.

Material: Steine, Plastikfolien, Eimer, Schaufeln; evtl. Grassoden (abgestochenes Stück Gras)
Alter: ab 5 Jahren
Ort: Wasser-Sand-Anlage oder Strand

Kinder mit Wasser und Sand experimentieren lassen.
Deiche bauen und mit dem Eimer Wasser dagegen gießen. Hält der Deich stand?
Noch einmal bauen, diesmal mit Steinen oder Plastikfolien verstärken.
Vielleicht gibt es sogar Grassoden, welche die Kinder mit verbauen dürfen?

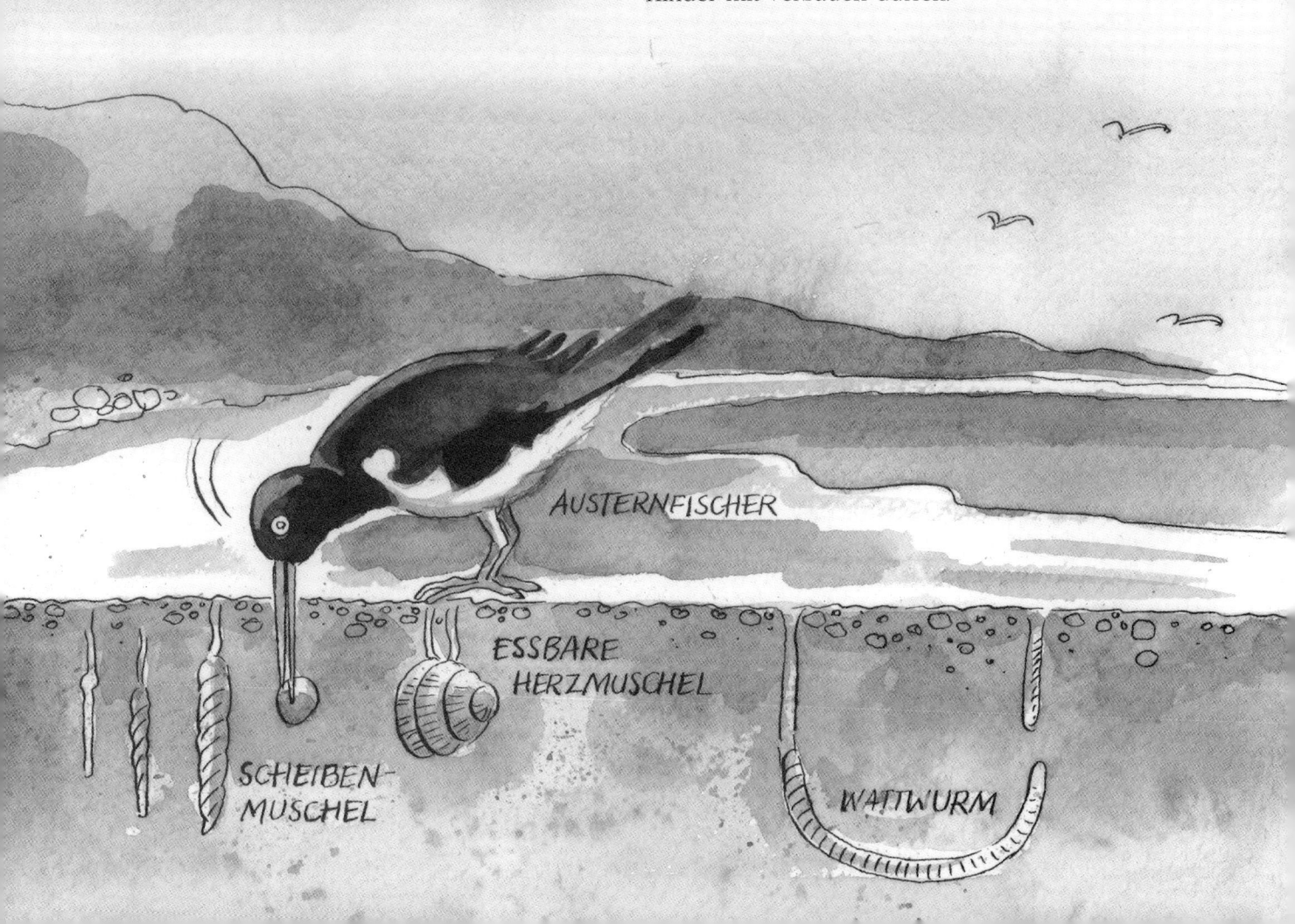

Deich-Schäfchen

Gras hält mit seinen Wurzeln die Erde sehr fest zusammen – das weiß jeder, der schon einmal im Garten Gräser als Unkraut gejätet hat! Deshalb werden Deiche mit Gras bepflanzt. Da das Gras von unten nachwächst, werden die Deiche nicht zerstört, wenn Schafe das Gras abweiden.

Material: Tonkarton (weiß oder beige), Wolle oder Watte (weiß oder beige), Bleistift, Schere, Klebstoff, grünes Papier, schwarzer Stift
Alter: ab 5 Jahren

Einen Kreis als Schafkörper und ein Gesicht (s. Vorlage) auf den Tonkarton malen und ausschneiden.
Watte zerrupfen bzw. Wolle in kurze Stücke schneiden und auf Körper und Stirn aufkleben. Den Körper auf das grüne Papier und den Kopf auf den Körper kleben.
Mit dem schwarzen Stift zwei Beine und das Gesicht malen. Määähh!

Tourismus

Jedes Jahr zieht es viele Millionen Menschen an alle Strände der Welt. Das bleibt nicht ohne Folgen. Ein Problem ist der Müll. Die englische Stadt Bournemouth mit ihren herrlichen Sandstränden beschäftigt zur Hochsaison 25 MitarbeiterInnen, die morgens und abends den Strand von Abfall reinigen. Da kommen täglich 20 Tonnen Müll zusammen!
In einkommensschwachen Ländern bringen die Touristen willkommenes Geld ins Land. Der Tourismus schafft aber auch viele Probleme. Flughäfen, Straßen und Hotels werden gebaut und Abwässer müssen beseitigt werden – oftmals ohne die Natur zu schützen. Und die Touristen selber bedrohen allein durch die großen Besucherzahlen die Lebensräume der Pflanzen und Tiere.
Auch die Bevölkerung kann leiden: In Ländern mit geringen Trinkwasserreserven wird viel Wasser abgezweigt, um die Hotelgärten grün und blühend zu halten und den Urlaubern das Wasser für die mindestens tägliche Dusche und den Swimmingpool zur Verfügung zu stellen. Die Menschen ringsum müssen dagegen mit ihrem Wasser haushalten, um genug zum Leben zu haben. Auch Energie kann knapp sein: Ein großes Hotel verbraucht mehr Energie als 3000 mittlere Haushalte. Und letztendlich schadet es den Einheimischen, wenn ihre natürlichen Ressourcen ohne Rücksicht auf Verluste ausgebeutet werden und die Besucher nach einigen Jahren fernbleiben, weil das Reiseziel seine Attraktivität eingebüßt hat. Eine Lösung bietet vielleicht der Ökotourismus. Die Zahl derer, die eine solche Urlaubsreise vorziehen, steigt jährlich. Ob der Ökotourismus aber auch große Zahlen von Urlaubern verkraftet, muss sich erst noch herausstellen.

Die blauen Tiefen – Leben im Meer

Wer am Strand mit den Füßen in den Wellen steht und den Blick über das Meer schweifen lässt, den beeindruckt vor allem die unendliche Weite. 71 Prozent der Erde sind mit Wasser bedeckt. Als Christoph Kolumbus aufbrach, Indien zu finden, konnte sich niemand vorstellen, dass er mit seinen Schiffen so lange unterwegs sein würde. Seine Mannschaft war nahe daran zu meutern und umzukehren, als sie endlich auf Amerika stießen. Noch immer gehört es zu den waghalsigsten und extremsten Abenteuern der Menschheit, allein in einem Boot die Ozeane zu überqueren.

Weniger häufig denken wir an die ungeheuren Tiefen, die sich unter den Wellen verbergen. Dreiviertel der Meere sind über 3000 Meter tief. Unsere größten Bauwerke, selbst die höchsten Gebirge, könnten ohne Weiteres in den Tiefen der Ozeane verschwinden. Und je weiter wir von der Wasseroberfläche nach unten vordringen, desto dunkler wird es und desto merkwürdigere Gestalten begegnen uns.

Meerespflanzen wachsen im Sonnenlicht

Bis zu einer Tiefe von 180 Metern ist das Wasser noch „lichtdurchflutet" – so der Fachausdruck. Es ist aber nicht wirklich hell, und je tiefer Tiere in diesem Bereich leben, desto größere Augen haben sie im Allgemeinen, um das wenige Sonnenlicht einzufangen. Das Sonnenlicht dringt nur bis etwa 180 Meter Tiefe so stark vor, dass Pflanzen Energie daraus ziehen können. Unterhalb dieser Grenze gibt es kein pflanzliches Leben mehr.

Die Pflanzen auf offener See sind nicht angewachsen wie die Algen und Tange an der Küste. Es handelt sich vielmehr um winzig kleine, aber trotzdem sehr unterschiedliche Algen, die im Wasser schweben. Phytoplankton, „pflanzliches Treibgut", nennen das die ForscherInnen. Das Phytoplankton ist die Grundlage der Nahrungskette im Ozean. Klitzekleine, ebenfalls im Wasser schwebende Tiere oder auch Larven größerer Tiere (das Zooplankton, also „tierisches Treibgut") fressen die Algen und fallen ihrerseits größeren Räubern zum Opfer.

Leben im Dunkeln

Unterhalb von 180 Metern schließt sich die Dämmerungszone an; bei 1000 Metern Tiefe beginnt die Tiefsee. Weil es dort keine Pflanzen als Nahrungsgrundlage für Pflanzenfresser gibt, nimmt die Zahl der verschiedenen Tierarten rapide ab. Hier jagen nur noch große Räuber kleinere Räuber. Viele der Tierarten haben Möglichkeiten entwickelt selbst zu leuchten oder beherbergen andere Organismen, die dies für sie tun. Der Anglerfisch beispielsweise hat ein angelförmiges Gebilde über dem Maul, an dessen Spitze ein Leuchtorgan Licht ausstrahlt. Wehe dem Fisch, der sich davon anlocken lässt und in die Nähe der spitzen Zähne kommt!

Erst auf dem Boden der Tiefsee findet sich mancherorts wieder reichliches Leben. An vielen Stellen strömen heiße, mineralhaltige Quellen aus Erdspalten. Von diesen Mineralien ernähren sich Bakterien, die wiederum – wie die Pflanzen im lichtdurchfluteten Bereich – als Nahrungsgrundlage für viele verschiedene Tiere wie Würmer, Krabben und Seeanemonen dienen.

Das Leben begann im Meer

Der erste Ozean der Erde heißt auch „Ursuppe". Er war warm, heftige Gewitter tobten über ihm, deren Blitze zusätzliche Energie lieferten, und wie in einer guten Suppe schwammen feine Zutaten darin herum: alles, was das Leben brauchte um zu entstehen. Zuerst kam es zu chemischen Verbindungen, aus denen – keiner weiß, wie – die ersten einzelligen Lebewesen, die Bakterien, entstanden.

Im Laufe der Jahrmillionen erfanden einige Bakterien die Photosynthese, die Fähigkeit, aus Sonnenlicht und Kohlendioxid Nahrung, Energie und Sauerstoff herzustellen: Das waren die ersten Algen. Andere Bakterien lernten, Algen zu fressen – sie waren die ersten friedlichen Pflanzenfresser. Die wiederum waren Nahrung für die ersten Raubtiere. Noch eine andere wichtige Erfindung kam hinzu: die Zusammenarbeit. Einzellige Organismen schlossen sich zu Kolonien zusammen und teilten sich die Arbeit – vermehren, fressen, verdauen, auf die Umwelt reagieren – auf. Daraus entstanden mit der Zeit die ersten echten vielzelligen Pflanzen und Tiere.

Heute wimmelt es in den Ozeanen von den unvorstellbarsten Lebewesen. Wir kennen noch lange nicht alle Tiere und Pflanzen der Weltmeere. Vor allem die Wesen der Tiefsee sind nahezu unbekannt. Sie sind schwierig zu fangen oder gar in ihrem natürlichen Lebensraum zu beobachten. Und bei der Größe der Meere ist es mehr als wahrscheinlich, dass wir einfach nicht immer an der richtigen Stelle forschen oder gar alle Stellen absuchen können. Dabei könnte uns einiges entgehen. WissenschaftlerInnen gehen davon aus, dass viele marine Organismen Medikamente gegen alle möglichen Krankheiten liefern könnten. Schon heute setzen MedizinerInnen Wirkstoffe aus Muscheln und Krebsen bei der Wundheilung ein. Andere Substanzen, z. B. aus Schwämmen, könnten sogar gegen Krebs wirksam sein.

Der große Wal allein im Meer

In einem tiefen und weiten Ozean lebte einmal ein Wal. Jeden Tag, jeden Monat, jedes Jahr schwamm er allein durch das Meer. Er war schon immer allein geschwommen, solange er sich erinnern konnte. Er war geschwommen, das Meerwasser strömte in sein Maul hinein und wieder hinaus und er wuchs und wurde immer größer und älter. Inzwischen war der Wal das größte und älteste Tier in diesem Meer. Die anderen Tiere dachten, dass er gewiss sehr klug und weise sein müsse und hielten sich von ihm fern, um ihn in seinen Gedanken nicht zu stören. Aber das wusste der Wal nicht. Er dachte, er sei ganz allein.

Eines Tages aber, als der Wal gerade mitten durch das Meer schwamm, rummste ihn plötzlich etwas an. „Nanu", dachte der Wal, „habe ich etwa eine Insel gerammt? Aber hier gibt es doch gar keine Insel!" Er hielt an, drehte sich um und blinzelte mit seinen Augen, die ziemlich kurzsichtig waren.

„He, hallo, hier bin ich!", rief eine Stimme neben ihm. „Tut mir Leid, ich wollte dich nicht stören. Ich habe einen Moment nicht aufgepasst und bin aus Versehen gegen dich geschwommen. Hat doch wohl nicht weh getan?"

Der Wal zuckte vor Schreck zusammen. „Wer ist da?", rief er.

„Hallo, hier. Direkt vor deiner Nase. Siehst du mich denn nicht?", antwortete die Stimme.

Der Wal strengte seine Augen an und tatsächlich, da, vor seiner Nase, schwamm etwas. Es war viel kleiner als der Wal selbst, hatte eine helle Haut und ein Maul voller spitzer Zähne. „Wer bist du?", fragte der Wal neugierig.

„Ich bin ein weißer Hai. Was hast du denn gedacht?"

Der Wal zögerte. „Ich habe gedacht, dass ich hier ganz alleine lebe", gab er dann zu.

Der Hai grinste und zeigte dabei alle seine scharfen Zähne. „Allein? Hier wimmelt es von Tieren!"

„Aber ich habe doch noch nie eines gesehen", murmelte der Wal verlegen.

„Ach, die sind alle viel kleiner als du. Soll ich es dir zeigen?"

„Ja, bitte", antwortete der Wal und zusammen schwammen sie los.

„He, Flipper", rief der Hai nur wenig später, „komm mal her und stell' dich vor!"

„Was gibt's denn?", zwitscherte eine helle Stimme.

„Unser guter alter Wal hier dachte, dass er alleine im Meer lebt. Ich beweise ihm gerade das Gegenteil. Aber jetzt habe ich Hunger bekommen. Ich mach' mich davon", antwortete der Hai und verschwand mit einem schnellen Schlag seiner Schwanzflosse.

Der Wal kniff seine Augen noch ein bisschen enger zusammen. Ja, da schwamm wirklich ein anderes Tier. Es hatte eine glatte graue Haut und ein freundliches Lächeln und es war noch ein Stück kleiner als der Hai. „Wer bist du?", fragte er.

„Ich bin ein Delfin", antwortete das Wesen mit einem hellen Lachen.

„Du bist sicherlich das kleinste Tier in diesem Meer", staunte der Wal.

„Nein", kicherte der Delfin, „komm mit, ich zeige dir ein Tier, das noch kleiner ist."

Und er schwamm voraus.

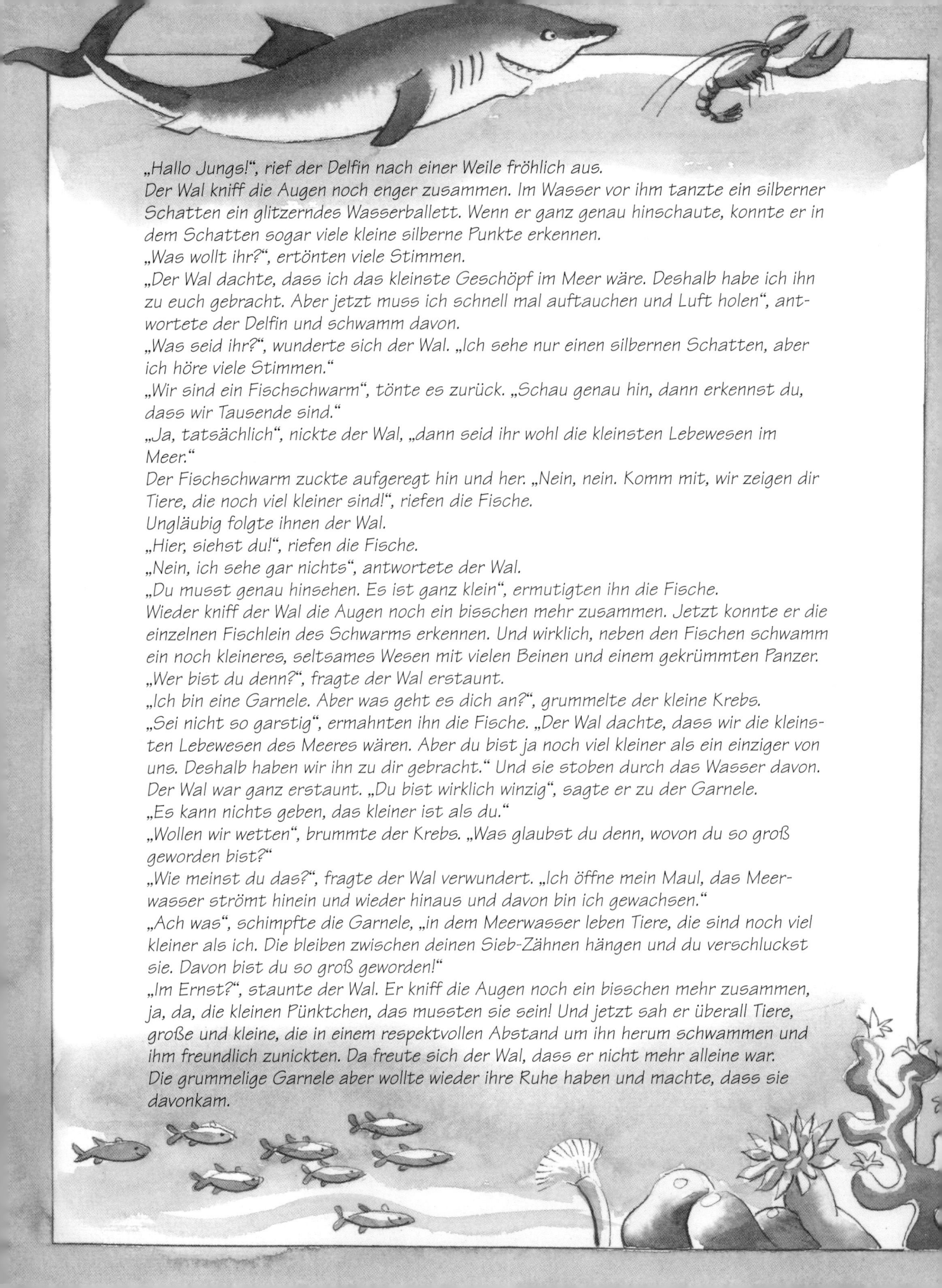

„Hallo Jungs!", rief der Delfin nach einer Weile fröhlich aus.
Der Wal kniff die Augen noch enger zusammen. Im Wasser vor ihm tanzte ein silberner Schatten ein glitzerndes Wasserballett. Wenn er ganz genau hinschaute, konnte er in dem Schatten sogar viele kleine silberne Punkte erkennen.
„Was wollt ihr?", ertönten viele Stimmen.
„Der Wal dachte, dass ich das kleinste Geschöpf im Meer wäre. Deshalb habe ich ihn zu euch gebracht. Aber jetzt muss ich schnell mal auftauchen und Luft holen", antwortete der Delfin und schwamm davon.
„Was seid ihr?", wunderte sich der Wal. „Ich sehe nur einen silbernen Schatten, aber ich höre viele Stimmen."
„Wir sind ein Fischschwarm", tönte es zurück. „Schau genau hin, dann erkennst du, dass wir Tausende sind."
„Ja, tatsächlich", nickte der Wal, „dann seid ihr wohl die kleinsten Lebewesen im Meer."
Der Fischschwarm zuckte aufgeregt hin und her. „Nein, nein. Komm mit, wir zeigen dir Tiere, die noch viel kleiner sind!", riefen die Fische.
Ungläubig folgte ihnen der Wal.
„Hier, siehst du!", riefen die Fische.
„Nein, ich sehe gar nichts", antwortete der Wal.
„Du musst genau hinsehen. Es ist ganz klein", ermutigten ihn die Fische.
Wieder kniff der Wal die Augen noch ein bisschen mehr zusammen. Jetzt konnte er die einzelnen Fischlein des Schwarms erkennen. Und wirklich, neben den Fischen schwamm ein noch kleineres, seltsames Wesen mit vielen Beinen und einem gekrümmten Panzer.
„Wer bist du denn?", fragte der Wal erstaunt.
„Ich bin eine Garnele. Aber was geht es dich an?", grummelte der kleine Krebs.
„Sei nicht so garstig", ermahnten ihn die Fische. „Der Wal dachte, dass wir die kleinsten Lebewesen des Meeres wären. Aber du bist ja noch viel kleiner als ein einziger von uns. Deshalb haben wir ihn zu dir gebracht." Und sie stoben durch das Wasser davon.
Der Wal war ganz erstaunt. „Du bist wirklich winzig", sagte er zu der Garnele.
„Es kann nichts geben, das kleiner ist als du."
„Wollen wir wetten", brummte der Krebs. „Was glaubst du denn, wovon du so groß geworden bist?"
„Wie meinst du das?", fragte der Wal verwundert. „Ich öffne mein Maul, das Meerwasser strömt hinein und wieder hinaus und davon bin ich gewachsen."
„Ach was", schimpfte die Garnele, „in dem Meerwasser leben Tiere, die sind noch viel kleiner als ich. Die bleiben zwischen deinen Sieb-Zähnen hängen und du verschluckst sie. Davon bist du so groß geworden!"
„Im Ernst?", staunte der Wal. Er kniff die Augen noch ein bisschen mehr zusammen, ja, da, die kleinen Pünktchen, das mussten sie sein! Und jetzt sah er überall Tiere, große und kleine, die in einem respektvollen Abstand um ihn herum schwammen und ihm freundlich zunickten. Da freute sich der Wal, dass er nicht mehr alleine war.
Die grummelige Garnele aber wollte wieder ihre Ruhe haben und machte, dass sie davonkam.

Die Erde ist rund

Die Krümmung der Erdoberfläche lässt sich auf dem Meer besonders gut erkennen: Als erstes tauchen am Horizont die Mastspitzen eines Schiffes auf, bevor es schließlich ganz zu erkennen ist.

Material: 1 Bogen weiße Pappe (DIN A3), 3–4 Blatt festes Papier (DIN A4), Buntstifte, Schere oder Messer
Alter: ab 3 Jahren (mit Variante für ältere Kinder)

Auf die weiße Pappe im Querformat das Meer malen: Das untere Drittel dunkelblau anmalen, die oberen zwei Drittel als Himmel mit Sonne und Wolken gestalten.
Am Horizont, wo Himmel und Meer zusammentreffen, einen Schlitz von 21 cm Länge einschneiden (das entspricht der Größe eines DIN A4-Bogens im Hochformat).

Auf das Papier Motive zeichnen: ein Segelboot, einen Dampfer mit Rauchfahne, die Berge oder Palmen einer Insel, Hochhäuser oder die Freiheitsstatue von New York.
Die Motive ausschneiden.
Die Kinder setzen sich auf den Boden; sie sind die Matrosen eines Schiffes, das durch die Wellen zum Horizont pflügt.
Die Spielleitung hebt die Pappe für die Schiffsbesatzung hoch und schiebt eines der Motive von hinten in den Schlitz langsam ein, so dass der gemalte Gegenstand allmählich aus dem Meer aufzutauchen scheint.
Wer hat die schärfsten Augen und errät, auf was ihr Schiff zufährt?

Variante
Wenn Käpt'n Blaubär seine Hand im Spiel hat, können alle möglichen Sachen am Horizont erscheinen: gigantische Teddybären, eine Reihe von Gabeln oder ein UFO aus dem Weltraum.

Variante für ältere Kinder
Ältere Kinder spinnen zusätzlich ein Seemannsgarn und erzählen, was bei so einer Begegnung auf hoher See passieren könnte ...

Leuchtturm in Sicht

Auch bei dieser Bastelei taucht plötzlich aus dem Meer ein Leuchtturm auf.

Material: Papier (DIN A4), Buntstifte, Schere, große, flache Schüssel oder Tablett mit Wasser
Alter: ab 4 Jahren

Aus dem Papier ein Quadrat von etwa 12 cm Kantenlänge schneiden – pi mal Daumen, die Kanten müssen nicht wirklich gerade oder gleich lang sein.
Das Quadrat zu einem Dreieck falten. Auf das oben liegende Dreieck (der untere Rand ist an der langen Seite des Dreiecks) z. B. einen Leuchtturm, eine Insel mit Palmen, einen aus dem Wasser springenden Delfin, ... malen.
Das bemalte und gefaltete Papier vorsichtig auf das Wasser legen.
Wie durch Zauberei richtet sich nach einigen Augenblicken der Leuchtturm bzw. das gemalte Motiv aus dem Wasser auf.

Variante für Fantasievolle

Wer Seemannsgarn liebt, lässt eine Seeschlange oder Nixe aus dem Meer auftauchen und erzählt eine Geschichte dazu.

Gurkenglas-Aquarium

Fische gehören zu den Wirbeltieren, weil sie eine Wirbelsäule haben. Bei den meisten der 13.000 verschiedenen Fischarten besteht das Skelett aus Knochen, Haie und Rochen jedoch besitzen ein Knorpelskelett.
Die meisten Aquarien zu Hause oder in Einrichtungen sind Süßwasser-Aquarien. Die Fische stammen häufig aus den Tropen. Für die artgerechte Haltung der Fische ist es wichtig, nicht zu viele Fische in das Becken zu setzen. Als Faustregel gilt: Pro Liter Wasser ein Zentimeter Fisch. Im Gurkenglas-Aquarium spielt das aber keine Rolle!

Material: je Kind ein großes Gurkenglas oder ein kleines Aquarium für alle gemeinsam, Wasser, Kieselsteine, Moosgummi in verschiedenen Farben, wasserfeste Stifte, Schere, Nylonfaden, Heißklebepistole (der Kleber muss wasserfest sein); evtl. grüne Plusterpens oder Edding in Grün, Kies, Muschelschalen, Tonpapier, Transparentpapier, Faden, Klebeband, Glas mit Deckel
Alter: ab 4 Jahren

Kieselsteine waschen, bis sie sauber sind, und zusammen mit Wasser in das Gurkenglas füllen. Fischformen auf das Moosgummi aufmalen und ausschneiden. Nylonfäden in verschiedenen Längen abschneiden und je ein Ende an einem Fischbauch und das andere Ende an einem Stein festkleben. Ins Aquarium setzen.

Aus grünem Moosgummi Wasserpflanzen ausschneiden, am unteren Ende einen Kieselstein festkleben und auf den Meeresgrund versenken. Der Fantasie sind keine Grenzen gesetzt: Wie wäre es mit Meerjungfrauen, Schiffswracks, Walen und Unterwasserschlössern?

Variante ohne Wasser

Gurkenglas reinigen und von außen mit Wasserpflanzen bemalen.
Kies und Muschelschalen einfüllen.
Einen zarten Schleierfisch mit einem Körper aus Tonpapier und Flossen aus Transparentpapier gestalten.
Den Schleierfisch mit einem Faden und Klebeband am Deckel des Glases befestigen und in das Glas hineinhängen.

Tiefsee-Aquarium

In die tiefsten Tiefen des Meeres dringt nie ein Lichtschimmer vor. Deshalb haben viele Tiere die Eigenschaft entwickelt, selbst zu leuchten. Sie locken damit Beutetiere oder Artgenossen des anderen Geschlechts zu sich her. Gruselig ist angesagt: Die Fische scheinen nur aus riesigen Mäulern, Furcht erregenden Zähnen und glotzenden Augen zu bestehen!

Material: je Kind ein Schuhkarton, schwarze Farbe und Pinsel, nachtleuchtende Klebefolie (aus dem Bastelbedarf), Stift, Schere, Taschenlampe, Meerbuch mit Bildern von Tiefseefischen; evtl. schwarzer Tonkarton
Alter: ab 5 Jahren (mit Variante ab 7 Jahren)

Ein Meerbuch mit Bildern von Tiefseefischen zur Inspiration und zum Betrachten auslegen.
Den Schuhkarton innen schwarz bemalen.
Auf die Klebefolie bizarre Fische aufmalen, ausschneiden und auf den Boden des Schuhkartons kleben.
Raum verdunkeln und Fische betrachten. Wenn die Fische nach einiger Zeit verblassen, mit der Taschenlampe auf Unterwasserexpedition gehen.

Variante

Mehrere Bögen schwarzen Tonkartons aneinander kleben und an die Wand des Gruppenraumes hängen.
Gemeinsam mit Fischen bekleben und im Dunkeln betrachten.

Variante ab 7 Jahren

Auch den Deckel des Schuhkartons innen schwarz bemalen.
In eine schmale Seite des Kartons ein kleines Loch stechen.
Die übrigen Wände mit Leuchtfischen bekleben.
Weitere Leuchtfische an Fäden vom Deckel herabhängen lassen.
Deckel aufsetzen und die Tiefseelandschaft durch das Loch betrachten.
Falls zu wenig Licht in den Karton fällt, das Loch vergrößern oder ein oder mehrere Löcher in den Deckel schneiden.
Zum Aufladen des Leuchtpapieres vor der Unterwasserexpedition den Deckel einige Minuten öffnen!

Leucht-Aquarium

Fische schwimmen mit Hilfe ihrer Flossen und durch seitliche Körperbewegungen. Im Leucht-Aquarium baumeln sie im Luftzug des Teelichtchens.

Material: großer Karton mit Deckel, Schere, Transparentpapier (hellblau und Grüntöne), klar trocknender Klebstoff, buntes Tonpapier, Nadel und Faden, Teelicht, Streichhölzer
Alter: ab 6 Jahren

Aus allen Seitenwänden des Kartons die Mitte herausschneiden, so dass nur ein Rand von wenigen Zentimetern Breite stehen bleibt.
Alle vier Seiten mit hellblauem Transparentpapier hinterkleben.
Nach Belieben Wasserpflanzen o. Ä. aus grünem Transparentpapier ausschneiden und von innen auf das Transparentpapier kleben.
Aus der Mitte des Deckels einen großzügigen Kreis herausschneiden.

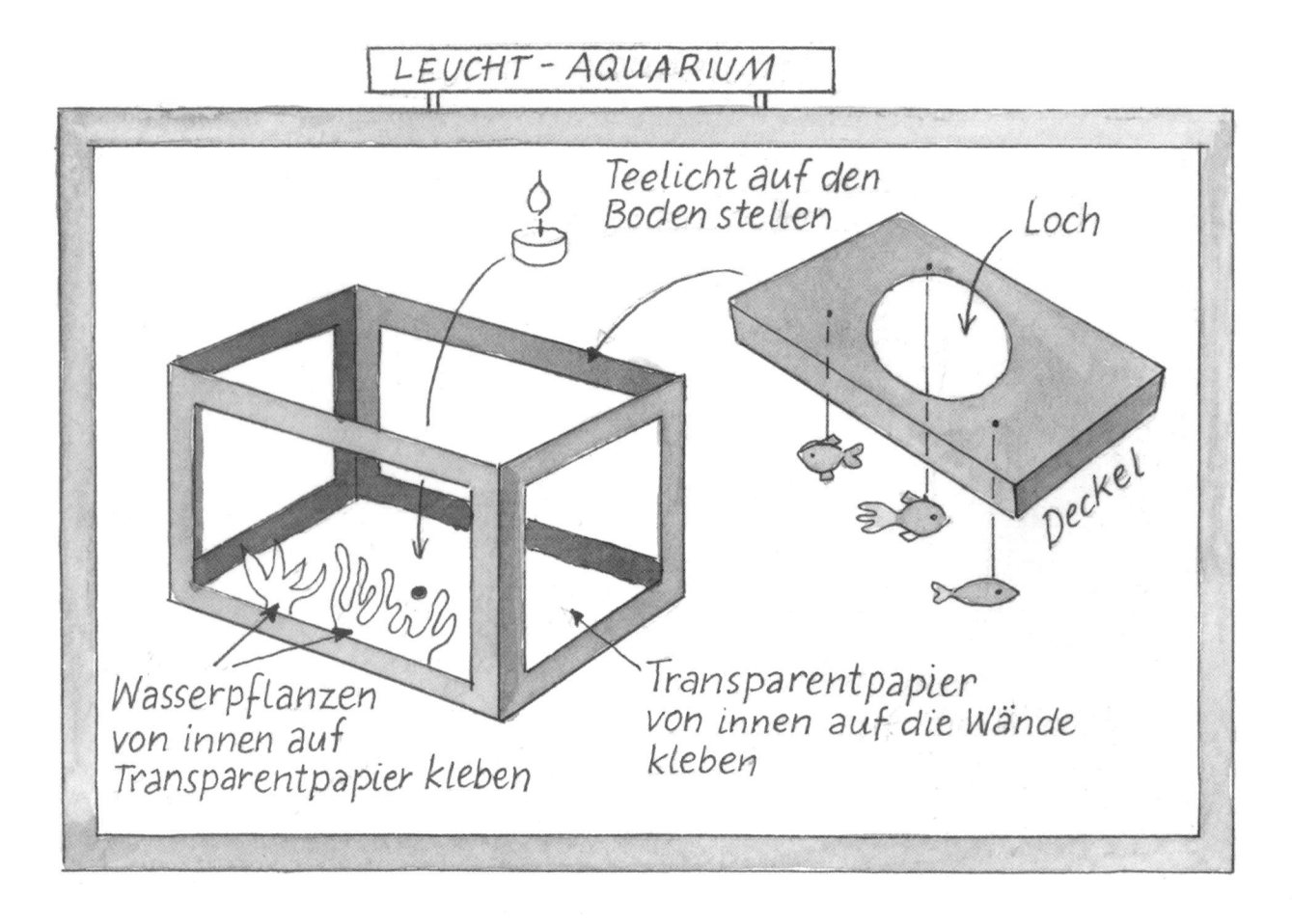

LEUCHT - AQUARIUM

Teelicht auf den Boden stellen

Loch

Deckel

Wasserpflanzen von innen auf Transparentpapier kleben

Transparentpapier von innen auf die Wände kleben

Verschieden geformte Fische aus buntem Papier ausschneiden und mit Nadel und Faden in unterschiedlichen Längen unten an den Deckel hängen.
Ein Teelicht anzünden, unter die Öffnung im Deckel in den Karton setzen, mit dem Deckel den Karton schließen und den Reigen der Fische genießen.

Vorsicht!
Keiner der Fische darf der Kerzenflamme zu nah kommen! Nie unbeaufsichtigt brennen lassen!

Fische mit Blubb

Eigentlich blubbern Fische nicht. Sie lassen das Wasser an ihren Kiemen vorbeiströmen und nehmen dabei den im Wasser gelösten Sauerstoff in ihr Blut auf. So geben sie auch verbrauchte Luft wieder ab. Aber mit den Luftblasen im Wasser ist es zum Basteln und Spielen viel schöner!

Material: dünnes Moosgummi, Stift, Schere, Strohhalm mit Knick, Tacker, Schüssel mit Wasser
Alter: ab 5 Jahren

Die Umrisse eines Fisches (nicht größer als 10 cm) auf das Moosgummi malen und Fisch ausschneiden.
Die Fischform auf das Moosgummi legen, mit dem Stift umfahren und erneut ausschneiden. Die beiden Fischhälften aufeinander legen und dabei den Strohhalm einklemmen, so dass das kürzere Ende am Maul des Fisches liegt (s. Abb.).
Jeweils am Maul und am Rücken des Fisches, wo der Strohhalm herausragt, beidseitig dicht neben dem Strohhalm den Fisch zusammentackern.
Eine Schüssel mit Wasser füllen und den Fisch hineinsetzen: Schon blubbert er fröhlich los! Welches Kind hat die meiste Puste?

Blubberfisch-Spiel

Material: tiefe Wanne oder Aquarium, je Kind ein Blubberfisch (s. S. 53) und Joghurtdrinkbecher (Öffnung schmaler als Bauch), Knete
Alter: ab 4 Jahren

Becherrand mit einem Wulst aus Knete umgeben, um ihn schwerer zu machen.
Wanne so hoch mit Wasser füllen, dass der Becher mit der Öffnung nach unten nah am Grund darin schwimmen kann.
Auf „Achtung! Fertig! Blubbern!!" pustet jedes Kind mit seinem Blubberfisch Luft in seinen Becher. Sieger ist, wessen Becher als erstes die Wasseroberfläche erreicht.

Schwimmblase

Fische bewegen sich im Wasser mit Hilfe ihrer Schwimmblase auf und ab. Füllen sie ihre Schwimmblase mit Sauerstoff, steigen sie auf; lassen sie das Gas wieder aus der Schwimmblase heraus, sinken sie.

Material: mehrere Luftballons, tiefe Wanne, Badewanne, Schwimmbecken o. Ä. mit Wasser, Schnur, Gewichte (z. B. Nägel)
Alter: ab 3 Jahren

Luftballons verschieden stark aufblasen und zuknoten.
Am Wannen- oder Beckenrand ausprobieren, welche Luftballons sich gut unter Wasser drücken lassen und bei welchen das nur sehr schwer geht. (Sicherlich werden einige Luftballons durch die Hände flutschen und aus dem Wasser hüpfen: Hui, das spritzt!)
Gleiche Gewichte an die Luftballons binden – das entspricht dem Gewicht des Fischkörpers. Die Luftballons wieder eintauchen. Sie werden entsprechend ihres Luftinhaltes in verschiedenen Höhen im Wasser schweben – wie richtige Fische auch.

Papa, Hilfe!

Die meisten Fische legen ihre Eier ab und kümmern sich nicht mehr darum. Nur wenige betreiben Brutpflege. Der Kardinalbarsch z. B. trägt die befruchteten Eier in seinem Maul herum, bis die Kleinen schlüpfen. Andere Fische bieten ihr Maul den Jungen als sicheren Zufluchtsort vor Räubern an.

Material: keines
Alter: ab 3 Jahren

Ein Kind übernimmt die Rolle von Papa Fisch, ein zweites ist der Raubfisch.
Alle anderen Kinder sind die Babyfischchen, die sich neugierig in ihre Welt vorwagen und im Raum umherflitzen.
Kommt ihnen der Raubfisch zu nahe, retten sie sich schnell zu Papa, indem sie ihn berühren. Dort sind sie sicher.
Papa hat aber nicht für alle Fischkinder Platz: Je nach Anzahl der SpielerInnen dürfen sich immer nur zwei, drei oder mehr Jungfische gleichzeitig bei ihm aufhalten.
Kommt ein neues Fischlein hinzu, muss ein anderes wieder losschwimmen.
Fängt der Raubfisch ein Fischkind, scheidet es aus.

Fliegende Fische

Fliegende Fische können etwa 30 m weit über die Wasseroberfläche segeln. Auf der Flucht vor einem Raubfisch stoßen sie sich mit der kräftigen Schwanzflosse aus dem Wasser und breiten die Flossen aus. Der Raubfisch bleibt verwundert zurück, weil er seine Beute plötzlich nicht mehr sieht.

Material: dünnes farbiges Papier, Stift, Schere, je Kind eine Zeitung oder Zeitschrift, Klebestreifen
Alter: ab 3 Jahren

Auf das Papier viele gleiche Fischformen aufmalen und diese ausschneiden.
Auf dem Boden jeweils eine Start- und eine Ziellinie (z. B. mit Klebestreifen) markieren.
Für jedes Kind einen Fisch an der Startlinie auf den Boden legen.
Jedes Kind erhält eine zusammengerollte Zeitung und stellt sich zu seinem Fisch hinter die Startlinie.
Die Kinder treiben ihre Fische bis zur Ziellinie, indem sie mit der zusammengerollten Zeitung hinter dem Fisch auf den Boden schlagen.

Variante

Jedes Kind klatscht nur einmal mit seiner Zeitung auf den Boden. Wessen Fisch fliegt am weitesten?

Fischbild

Diese Maltechnik ergibt auch bei einfachen Motiven interessante Strukturen.

Material: Alufolie, Plakafarben, Pinsel, weiße Wachsmalkreide
Alter: ab 4 Jahren

Ein zeichenblattgroßes Stück Alufolie zerknüllen und vorsichtig wieder glatt streichen. Ganz glatt wird die Folie nicht mehr, aber das macht nichts – im Gegenteil, die kleinen Knitterfalten sind erwünscht!
Einen Fisch in zwei oder drei kräftigen Farben auf die Alufolie malen.
Den Hintergrund blau malen.
Sobald die Plakafarbe getrocknet ist, mit der Kreide über die Falten der Folie streichen – sie treten so deutlich hervor und das ganze Bild wirkt sehr plastisch.

Haie

Haie sind uralte Tiere – es gab sie schon lange vor den Dinosauriern. Seitdem haben sie sich nur wenig verändert, ein Beweis dafür, wie gut sie an ihren Lebensraum und ihre Lebensweise angepasst sind.
Die meisten Haie sind phantastische Jäger. In ihrem Gebiss tragen sie mehrere Reihen Zähne. Ein alter und abgenutzter Zahn wird abgestoßen; ein neuer Zahn wächst nach. Sie riechen Beute über weite Entfernungen. Zusätzlich können sie die schwachen elektrischen Signale aufspüren, die jedes Lebewesen von sich gibt. Dass Haie manchmal auch Menschen angreifen, beruht wohl nur auf einer Verwechslung: Von unten sehen sich Surfer und Robben sehr ähnlich!
Der größte Hai (und auch der größte Fisch überhaupt) ist der Walhai. Er ist ein friedlicher Planktonfresser, der eine Länge von 14 Metern erreichen kann.

Hai-Fangen

Haie verfügen über einen sehr feinen Geruchssinn. Blut im Wasser riechen sie aus einer Entfernung von 500 m.

Material: 1 rotes Tuch (oder 1 roter Lego-Klotz o. Ä.) pro Kind
Alter: ab 4 Jahren

Die Spielleitung wählt ein Kind aus, das als erstes der Hai sein darf.
Die übrigen Kinder halten ihr rotes Tuch in der Hand; sie sind die Fische.
Sobald die Spielleitung ruft: „Achtung, jetzt kommt der Hai!" schwimmen die Fische kreuz und quer durch das Meer.
Nach Lust und Laune lassen sie ihre roten Tücher, eine Blutspur, fallen.
Das ist das Signal für den Hai: Einen Fisch ohne rotes Tuch darf er jagen.
Fängt der Hai den Fisch, tauschen die beiden Kinder die Rollen.
Kann der Fisch jedoch ein anderes rotes Tuch vom Boden aufheben, bevor der Hai ihn erreicht, blutet er also nicht mehr, ist er in Sicherheit und darf nicht mehr gefangen werden.
Vielleicht wirft ja ein frischer Fisch einem matten Fischlein sein Tuch hin, um ihn vor dem Hai zu retten?

Sandpapier-Haie

Haie haben eine sehr raue Haut. Wer einen Hai in die falsche Richtung streichelt, kann sich sogar die Hand verletzen! Das liegt daran, dass der Hai von Kopf bis Schwanzflosse mit vielen winzigen Hautzähnchen bedeckt ist. Sie schützen das Tier und vermindern den Wasserwiderstand beim Schwimmen.

Material: Papier, Farben und Pinsel oder meerblauer Tonkarton, Sandpapier, Stift, alte Schere, Klebstoff
Alter: ab 4 Jahren

Das Papier wie Meerwasser bemalen bzw. den meerblauen Tonkarton nehmen.
Auf die Rückseite des Sandpapiers einen Hai zeichnen und ausschneiden.
Den Hai auf das Meeresbild kleben.
Die Augen schließen und die Gestalt des Haies mit den Fingern nachspüren.

Kleister-Quallen

Quallen gehören zu den schönsten Tieren des Meeres. Es lohnt sich, mit den Kindern Bilder davon zu betrachten. Farbenprächtig und mit phantastischen Tentakeln bestückt treiben sie gemächlich, mit pulsierenden Bewegungen, durch das blaue Meer. Die größte Qualle der Welt ist die Gelbe Haarqualle: Sie erreicht einen Durchmesser von 2,5 m und eine Tentakellänge von 30 m.

Material: Luftballon, Kleister, Transparentpapier und Geschenkband in Grün- und Blautönen, Schere, Nadel, Faden; evtl. Federspirale (aus dem Bastelbedarf)
Alter: ab 3 Jahren

Den Luftballon aufblasen und verknoten.
Die obere Hälfte des Luftballons mit Kleister bestreichen und 2–3 Lagen von Transparentpapierfetzen aufkleben.
Trocknen lassen.
Den Ballon mit einer Nadel einstechen und platzen lassen.
Die Ballonreste entfernen.
Den Rand der Qualle wellig oder fransig schneiden.
Mehrere Stücke vom Geschenkband abschneiden (etwa doppelt bis dreimal so lang wie die Qualle hoch ist), mit Hilfe der Schere kringeln und alle Stücke an einem Ende mit einem Knoten zusammenfassen.
Den Knoten mit Nadel und Faden in der Mitte der Quallenglocke befestigen und dabei einen Faden zum Aufhängen der Qualle auf der anderen Seite stehen lassen.

Variante

Wer möchte, hängt die Qualle statt an einem Faden an einer Spiralfeder auf. Wenn dann die Kinder an den Geschenkband-Tentakeln ziehen, schwingt die Qualle auf und ab.

Schwimmbad-Variante

Das gleiche Spiel lässt sich auch im Schwimmbad spielen: Die Kinder werden von den Erwachsenen in Rückenlage gehalten, die Füße zeigen zur Mitte eines Kreises. Die Qualle muss dabei mit den Füßen weggestrampelt werden. Gute SchwimmerInnen spielen ohne die Hilfe der Erwachsenen.

Feuerfisch-Variante

Viele Fischformen aus Haushaltsschwämmen ausschneiden. Zwei Teams bilden. Jedes Team bekommt einen mit Wasser gefüllten Eimer und mindestens einen Feuerfisch pro Kind. Die Kinder tränken ihre Schwämme mit Wasser und versuchen sich gegenseitig damit abzuwerfen. Lässt sich auch direkt im Wasser spielen.

Feuerquallen

Quallen gehören zu den Nesseltieren, ebenso wie Seeanemonen und Korallen. Der Name kommt von den kleinen Nesselzellen, die in den Tentakeln sitzen. Jede Nesselzelle enthält einen spiralig aufgewundenen Faden, der bei Berührung herausschießt und die Haut des Opfers durchbohrt. Manche Nesselzellen enthalten auch Gift. Aber nicht alle Quallen sind gefährlich: Viele können unsere Haut mit ihren Nesselzellen nicht durchdringen.

Material: Planschbecken, Wasserball; evtl. (preiswerte) Haushaltsschwämme, Schere, Eimer mit Wasser
Alter: ab 3 Jahren
Ort: draußen; evtl. im Schwimmbad

Die Kinder knien um das gefüllte Planschbecken herum.
Auf dem Wasser treibt der Wasserball als Feuerqualle. Wer ihn berührt, verbrennt sich.
Um das zu vermeiden, klatschen die Kinder, auf die die Feuerqualle zuschwimmt, mit den Händen fest auf das Wasser – die Wellen tragen die Qualle dann zur anderen Seite des Planschbeckens.
Achtung, ihr da drüben, aufgepasst!

Glibberqualle

Quallen bestehen hauptsächlich aus Wasser – genau wie Wackelpudding!

Material: runde Puddingförmchen, Götterspeise in verschiedenen Farben, Lakritzschnecken
Alter: ab 3 Jahren

Götterspeise nach Anleitung anrühren, in die Förmchen gießen und fest werden lassen. Lakritzschnecken aufrollen und die beiden Stränge trennen.
Stücke davon als Tentakeln auf einem Teller dekorieren und den Glibber darauf stürzen.

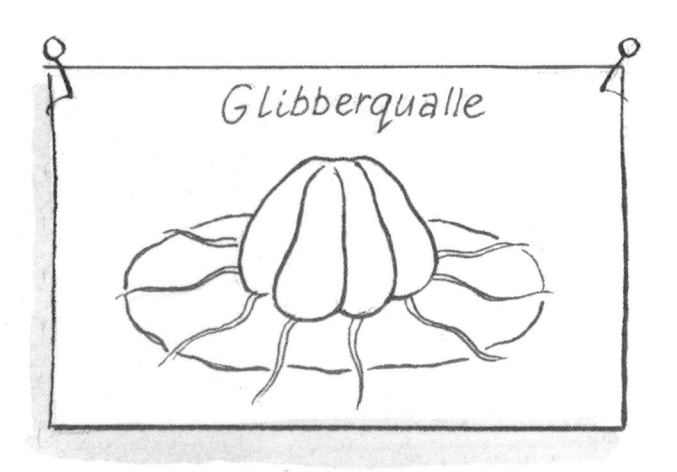

Meeresbild

Hier tummeln sich alle Meerestiere zusammen – in einer traumhaft schönen Wasserwelt aus verschwimmenden Grün- und Blautönen.

Material: alte Zeitungen, langes Stück Tapete, Fingerfarben in Grün und Blau, Schüsseln, Wasser, evtl. Schwämme, Feuerfische (s. S. 58), buntes Papier, Schere, Luftschlangen, Tonpapier; evtl. Aquarellpapier, Wasserfarbe und Pinsel, Salzstreuer mit Salz
Alter: ab 3 Jahren

Die Zeitungen auf dem Boden ausbreiten und die Tapetenbahn darauf legen.
Die grüne und blaue Fingerfarben in Schüsseln mit Wasser verdünnen.
Mit Fingern oder Schwämmen die verschiedenen Farbtöne auf die Tapete auftragen und miteinander verwischen – so entsteht Meerwasser in verschiedenen Schattierungen.
Farben trocknen lassen.

Die Meeresbewohner nach Belieben in verschiedenen Techniken gestalten:

- mit Feuerfisch-Schwämmen (s. S. 58) und Fingerfarben einen Fischschwarm auf die Tapete stempeln.
- Origami-Fische falten und aufkleben.
- Für Quallen einen Halbkreis aus buntem Papier ausschneiden und die gerade Kante wellig schneiden. Auf die Rückseite des Quallenkörpers Luftschlangententakeln kleben und die fertige Qualle im Meer „schwimmen" lassen.
- Einen Wal aus Tonpapier schneiden und an den oberen Rand des Meeres (der auch wellig eingeschnitten sein kann) kleben.
- Algen und Korallen mit unverdünnter Fingerfarbe aufmalen.
- Meerjungfrauen aufkleben (s. S. 113)

Das fertige Kunstwerk im Gruppenraum an die Wand hängen.

Variante für ein kleineres Bild

Ein Blatt Aquarellpapier mit Wasserfarben in Meerestönen bemalen und in die noch nasse Farbe Salz aus einem Salzstreuer streuen. Das gibt einen wunderschönen Effekt! Danach wie oben mit Tieren bekleben.

Wale und Delfine
Wale und ihre kleinen Cousins, die Delfine, sind Säugetiere, deren Vorfahren an Land lebten, bevor sie zu Meerestieren wurden. Sie müssen zum Atmen an die Luft kommen, können aber sehr lange tauchen: Eine Pottwal-Herde wurde dabei beobachtet, wie sie über zwei Stunden lang unter Wasser blieb.
Wale sind beeindruckende Tiere. Blauwale sind vielleicht die größten Tiere, die jemals auf der Erde gelebt haben – Dinosaurier eingeschlossen. Der größte gemessene Blauwal war ein Weibchen von 33,5 Metern Länge! Pottwale tauchen wahrscheinlich bis in Tiefen um die 3000 Meter, wo sie Jagd auf Tintenfische machen. Männliche Buckelwale sind die einfallsreichsten und ausdauerndsten Sänger des Tierreiches: Ihre Gesänge können über ein halbe Stunde dauern; der Schall legt dabei unter Wasser riesige Entfernungen zurück.
WissenschaftlerInnen unterscheiden Zahnwale und Bartenwale. Zahnwale stellen Fischen, Robben und anderen Tieren nach – wie der schwarz-weiße Orka, den Kinder vielleicht aus „Free Willy" kennen. Auch Delfine gehören zu den Zahnwalen. Bartenwale haben im Maul ein Sieb aus einem fingernagelähnlichen Material, mit dem sie Kleinlebewesen wie den bekannten Krill aus dem Wasser filtern.

Buckelwal-Spiel

Buckelwale leben in Gemeinschaften. Auch bei der Futterbeschaffung arbeiten sie zusammen: Mehrere Wale tauchen ab und bilden in der Tiefe einen Kreis. Dann blubbern sie Luftblasen, die wie eine säulenförmige Wand nach oben steigen. Dies verwirrt die Beute, die sich nicht traut, die Blasenwand zu durchbrechen. Die Wale schwimmen nach oben und fressen alle eingeschlossenen Beutetiere auf.

Material: keines
Alter: ab 4 Jahren

Vier Kinder sind Buckelwale, die anderen Krill oder kleine Fische.
Die Wale sprechen sich ab und überlegen, welches Beutetier sie fangen wollen: Dazu halten sich die Wale an den Händen (sie bilden eine Kette, noch keinen Kreis), rennen zusammen los und versuchen, das vorher bestimmte Kind einzukreisen.
Wenn es den Buckelwalen gelingt, den Krill oder Fisch einzufangen, indem sie die Kette zum Kreis schließen, sind sie satt und das gefangene Tier darf als neuer Buckelwal seine drei Mit-Wale auswählen und mit ihnen auf die Jagd gehen.

Variante

Jeder gefangene Krill wird zum Wal und schließt sich der Kette an. Je mehr Buckelwale zusammenarbeiten, desto mehr Krill können sie mit einem Schlag umzingeln. Gelingt es einem Krebschen, sich zu retten?

Filz-Wal

Wale spritzen kein Wasser aus den Blaslöchern (das sind die Nasenlöcher, die aber bei den Walen oben am Kopf sitzen). Sie stoßen heiße, feuchte Atemluft aus, wenn sie zum Atmen an die Wasseroberfläche kommen. In der kalten Luft kondensiert die Atemluft zu einer Wasserdampfwolke. Die Bilder von Wasserfontänen in vielen Büchern sind also eigentlich falsch.

Material: dunkelblauer Filz, Schere, Nadel, dickes Garn, Watte, weiße Wolle, schwarzer Filzstift
Alter: ab 5 Jahren

Aus dem Filz zweimal eine Walform (s. Vorlage) ausschneiden, am Rand bis auf ein Loch zum Stopfen aneinandernähen, dabei die Fontäne aus weißen Wollfäden mit einnähen oder später annähen.
Mit Watte ausstopfen und Naht schließen.
Gesicht mit Filzstift aufmalen.
Wal knuddeln und lieb haben.

Delfin zum Balancieren

Jedes Kind hat sicherlich schon einmal eine Delfin-Show im Zoo oder Aquarium miterlebt. Delfine sind sehr intelligente Tiere, die sich leicht dressieren lassen und sich ohne diese Beschäftigung in Gefangenschaft zu Tode langweilen würden.

Material: Tonkarton in Delphingrau oder -blau, Schere, Klebstoff, Stift, 2 Ein-Cent-Münzen
Alter: ab 5 Jahren

Einen Delfin (s. Vorlage) auf den Tonkarton zeichnen und ausschneiden.
Das Gesicht des Delfins aufmalen.
Delfin wenden und am Kopf und an der Schwanzflosse jeweils eine Münze festkleben.
Den Delfin mit dem Bauch auf eine Fingerspitze setzen und dort balancieren.

Münze hinten aufkleben
Münze hinten aufkleben
Punkt zum Ausbalancieren

> **Lebensretter**
> Uralte Legenden aus allen Teilen der Welt berichten davon, dass Delfine Menschen aus höchster Seenot retten: Die Delfine tauchen unter den Ertrinkenden auf und tragen sie auf dem Rücken an den Strand. Viele dieser Geschichten erzählte man sich im antiken Griechenland. Dort war das Töten eines Delfins ein Verbrechen, das mit dem Tode bestraft wurde.
> Vielleicht steckt ein Körnchen Wahrheit in diesen Erzählungen. Delfine helfen sich nämlich auch gegenseitig, z. B. bei der Geburt eines Delfinbabys. Häufig sind „Delfintanten" dabei, die dem Neugeborenen helfen an die Wasseroberfläche zu kommen, um seinen ersten Atemzug zu machen.
> Es existiert wohl wirklich ein besonderes Verhältnis zwischen Delfinen und Menschen. Begeisterte Touristen besuchen Strände, an denen sich regelmäßig ganze Gruppen dieser Meeressäuger aufhalten. Die Menschen füttern die Tiere, streicheln sie und schwimmen mit ihnen. Mancherorts spielen geistig behinderte Kinder im Rahmen ihrer Therapie mit den gutmütigen Tieren und auch depressiven Menschen hilft der vertrauensvolle Körperkontakt mit Delfinen.

Unterwasser-Theater

Material: großer Karton, Schere, Farben, Pinsel, Filz-Haie, -Fische, -Seesterne u. Ä. gearbeitet wie Filz-Wal (s. S. 60); evtl. Pappe, Buntstifte;
Alter: ab 5 Jahren (mit Variante für jüngere Kinder)

Den Deckel des Kartons abschneiden.
Von einer der längeren Seitenwände die Mitte ausschneiden, so dass ein Rand von einigen Zentimetern Breite stehen bleibt.
Diese Seite ist oben. Die übrigen Innenwände und die Rückseite (also den ehemaligen Kartonboden) als eine Meerlandschaft bemalen: je nach Theaterstück nur blau wie auf hoher See, mit Wasseroberfläche und Strand oder als lustigbuntes Korallenriff.
Ist ein großes Theaterstück mit mehreren Akten geplant, können auch mehrere Kartons als Kulissen zum Wechseln gestaltet werden.
Während die Farbe trocknet, die Filztiere fertigen und jeweils einen oder zwei Fäden an ihrem oberen Rand befestigen.
Zum Theaterspielen lässt jedes Kind sein Tier von oben vor der Meereslandschaft baumeln und führt damit die passenden Bewegungen aus.

Welches Stück möchten die Kinder aufführen?

◆ Vielleicht die Geschichte vom kleinen Fisch, der sich verirrt hatte und alle Meeresbewohner nach dem Weg nach Hause fragte?
◆ Oder lieber die Geschichte vom Regenbogenfisch?
◆ Sicher haben die kleinen Puppenspieler auch jede Menge eigene gute Ideen!

Variante für jüngere Kinder
Die Figuren des Stückes aus Pappe ausschneiden und bemalen.

Schwimmbad-Variante
Zwei oder mehrere Kinder tauchen ab. Ein Kind stellt unter Wasser ein Meerestier seiner Wahl pantomimisch dar: Eine Krabbe läuft seitwärts über den Grund, ein Hai schnappt nach dem anderen Kind, ein Delfin springt aus dem Wasser. Das Publikum schaut genau zu und rät nach dem Auftauchen, welches Tier in der Pantomime dargestellt wurde.

KRAKE - KOPIERVORLAGE

Der gierige Krake – ein Balancierspiel

Man glaubt es kaum: Obwohl der Tintenfisch ein so weiches Tier ist, sind seine Lieblingsspeise Hummer und Krabben, die er mit seinem papageiartigen Schnabel knackt. In diesem Spiel hat er aber auch Hunger auf jedes andere Meeresgetier!

Material: je Kind ein Filztier (s. S. 60) mit Körnern oder Reis gefüllt (nicht mit Watte), Seil
Alter: ab 4 Jahren

Ein Kind steht als Krake in der Mitte und dreht das Seil knapp über dem Boden.
Die anderen Kinder stehen im Kreis drum herum und legen sich ihre Filztiere auf den Kopf. Wenn das Seil – der Arm des gierigen Kraken – auf sie zudreht, müssen sie schnell darüber springen.
Aber Vorsicht: Wer dabei sein Filztier vom Kopf verliert, ist vom Kraken gefressen und muss ausscheiden. Auch wer vom Seil berührt wird, ist gefressen.
Welcher Meeresbewohner kann sich bis zuletzt vor dem Kraken retten?

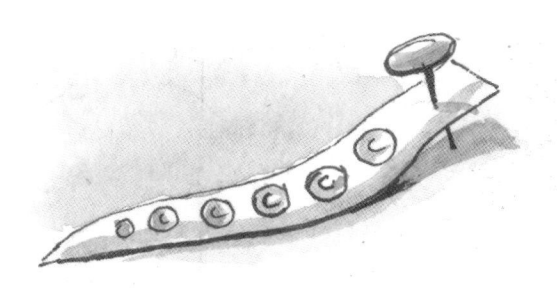

Die Arme des Kraken

Kraken haben acht mit Saugnäpfen besetzte Arme. Ihre Verwandten, Kalmar und Sepia, besitzen zusätzlich zwei etwas längere Tentakel als Fangarme.

Material: 2 Bögen Tonkarton in verschiedenen Farben, Stift, Schere, Klebstoff, schwarzer Filzstift, dicke, stabile Pappe in der Größe des Tonkartons, Heftzwecke, evtl. Augenbinde
Alter: ab 3 Jahren

Auf einen Tonkarton einen großen Kraken (s. Vorlage) malen und ausschneiden.
Mit Filzstift Augen und Saugnäpfe aufmalen.
Einen der Arme abschneiden und beiseite legen und den Krakenkörper auf den anderen Tonkarton aufkleben.
Das fertige Bild auf die Pappe aufziehen und an die Wand hängen.
Durch den einzelnen Arm, dort, wo er abgeschnitten wurde, eine Heftzwecke stecken.
Ein Kind darf beginnen, nimmt den Arm mit Heftzwecke in die Hand und schließt die Augen (oder bekommt eine Augenbinde angelegt).
Die anderen Kinder führen es vor das Krakenbild und drehen es mehrfach herum, damit es die Orientierung verliert.
Das „blinde Kind" versucht nun, den Arm des Kraken an die passende Stelle des Bildes zu heften – aber ohne das Bild dabei zu betasten!
Augen auf und schauen, wo der Arm gelandet ist!
Ganz wild wird es, wenn alle Arme des Kraken abgeschnitten und auf diese Art wieder angefügt werden.
Wer an der Reihe war, darf das nächste „blinde Kind" aussuchen.

Kraken aus Pappe

Kraken sind phantastische Tiere. Mit ihrem weichen Körper können sie sich durch die dünnsten Ritzen, Röhren und Höhlungen zwängen. Ihre Augen sind ähnlich konstruiert wie das menschliche Auge; Kraken sehen daher sehr gut. Ihre Haut kann sich der Umgebung anpassen – wie bei einem Chamäleon ändert sich die Farbe. Um Räubern zu entgehen, spritzen Kraken eine dunkle Flüssigkeit aus, in deren Schutz sie schnell davonschwimmen können. Und sie sind hoch intelligent – intelligenter als so manches Wirbeltier.

Material: Tonkarton und Pfeifenreiniger in beliebigen, gleichen Farben, Stift, Schere, Locher, Wackelaugen, Klebstoff, Nadel und Faden
Alter: ab 4 Jahren

Einen Krakenoberkörper auf den Tonkarton aufmalen und ausschneiden.
Den Körper an der Unterkante mehrfach lochen.
Auf jede Seite des Körpers je zwei Wackelaugen kleben.
Pfeifenreiniger auf eine passende Länge schneiden, je einen Pfeifenputzer durch ein Loch führen, verdrillen und in Form biegen.
Mit Hilfe einer Nadel einen dünnen Faden durch die Oberkante des Kraken ziehen und diesen aufhängen.

Kraken aus Wolle

Kraken gehören zu den „Kopffüßern" – die Wollkraken demonstrieren deutlich, woher der Name stammt! Eigentlich aber ist der „Kopf" der Körper des Kraken; in ihm befinden sich Magen, Darm, Herz, Tintenbeutel und alle anderen inneren Organe. Kraken haben keine Knochen. Nur eine innerhalb des Körpers gelegene Kalkplatte (der Schulp, der oft in Vogelkäfigen als Kalkfutter und zum Schnabelwetzen dient) verleiht ein bisschen Halt.

Material: großes Holzbrettchen, Wolle, Schere, dicke Nadel, evtl. Knöpfe oder Perlen
Alter: ab 5 Jahren

Die Wolle in Längsrichtung ganz oft um das Brettchen wickeln.
Wenn ein dicker Wollstrang entstanden ist, die Wolle an einem Ende des Brettchens durchschneiden (dabei darauf achten, dass die Wolle im doppelten Strang liegen bleibt).
Am anderen Ende mit zwei Wollfäden einen Kopf und Haare fest abbinden (s. Abb.), mit andersfarbiger Wolle (oder Knöpfen bzw. Perlen) zwei Augen aufsticken und die Wollfäden der Haare aufschneiden und frisieren. Der Krake hat übrigens den Mund nicht im Gesicht, sondern zwischen den Armen!
Die herab hängenden Wollfäden in mehrere Stränge teilen und zu Armen flechten.
Unten mit Wolle sehr fest abbinden.
Bestimmt möchte jedes Kind so einen tollen Kuschelkraken – am besten in der Lieblingsfarbe!

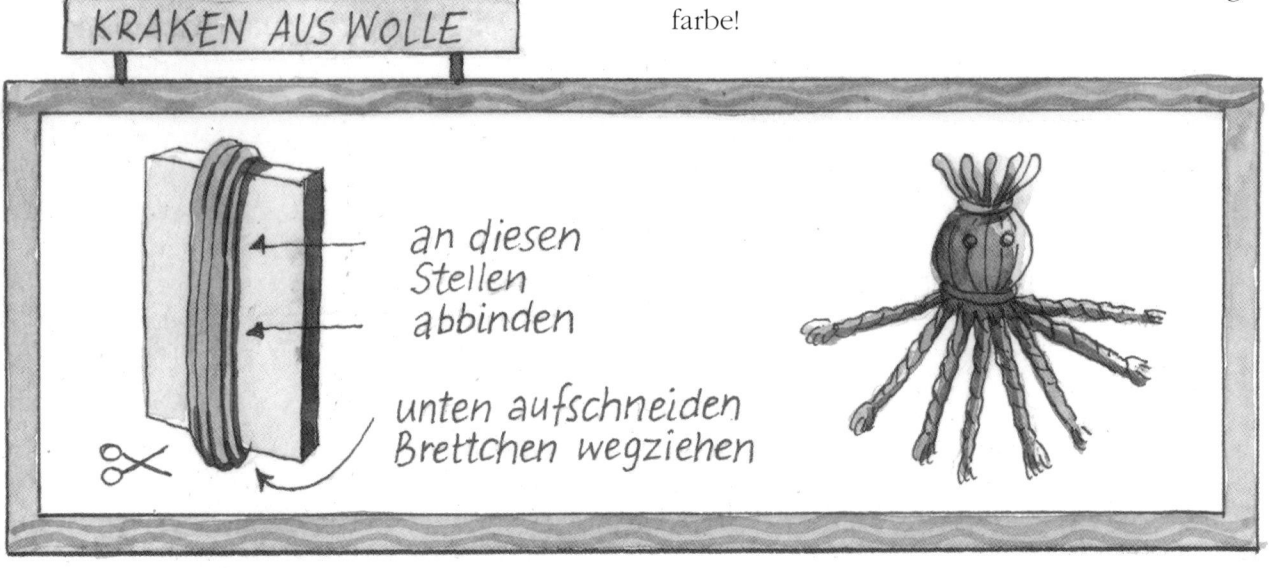

KRAKEN AUS WOLLE

an diesen Stellen abbinden

unten aufschneiden Brettchen wegziehen

Fantasiereise im U-Boot

Material: Matte und Decke für jedes Kind
Alter: ab 4 Jahren

Die Kinder legen sich auf dem Rücken auf ihre Matten und decken sich zu.
Die Spielleitung liest langsam und mit Pausen die folgende Geschichte vor:

„Lege dich ganz bequem auf den Rücken, die Arme liegen neben dem Körper auf dem Boden. Schließe deine Augen, wenn du magst. (...)
Vergiss einen Moment deinen bisherigen Tag. Atme ruhig und gleichmäßig. (...)
Lasse dich mit deinem Atem an einen fernen Ort tragen, einen Ort am Meer. (...)
An diesem Ort wartet ein Unterseeboot auf dich. Du steigst ein, die Klappe schließt sich und du fährst ins Meer hinein. (...)
Durch ein Bullauge schaust du nach draußen. Das Meer leuchtet grün und blau. Bunte Fische schwimmen am Fenster vorbei. (...)
Du kannst den Meeresboden sehen. Korallen leuchten rot, orange und gelb. Pieksige Seeigel und leuchtend gefärbte Seesterne liegen zwischen ihnen. Niedliche Seepferdchen halten sich an den Korallen fest. (...)
Du siehst die Sonnenstrahlen im Wasser. Du fühlst, dass das Wasser warm ist. (...)
Betrachte in Ruhe die wundervollen Tiere und Pflanzen der Unterwasserwelt. Schau dich genau um. (...)
Das U-Boot fährt weiter. Du bist auf hoher See. Du kannst Delfine durch das Bullauge sehen. Sie schwimmen pfeilschnell neben deinem U-Boot her und lächeln dich fröhlich an. (...)
Du siehst eine Walmutter mit ihrem Baby. Das Baby versteckt sich hinter seiner Mutter und blinzelt dir durch die Flossen hindurch zu. (...)
Ein Schwarm Fische kommt auf dich zu. Begrüßen sie dich? Erzählen sie dir etwas? (...)
Langsam wird es Zeit, dass du dich von deinen Freunden unter Wasser verabschiedest. Du winkst ihnen noch einmal zu. (...)
Dein Atem trägt dich zurück. Du spürst nun deinen Atem, wie du ihn durch die Nase in deinen Körper holst, (...)
wie sich dein Bauch hebt beim Einatmen (...)
und wie er sich senkt beim Ausatmen. (...)
Spüre deinen Körper, wie er auf dem Boden liegt, (...)
dehne und strecke dich (...)
und komme dann langsam wieder in unsere Mitte zurück."

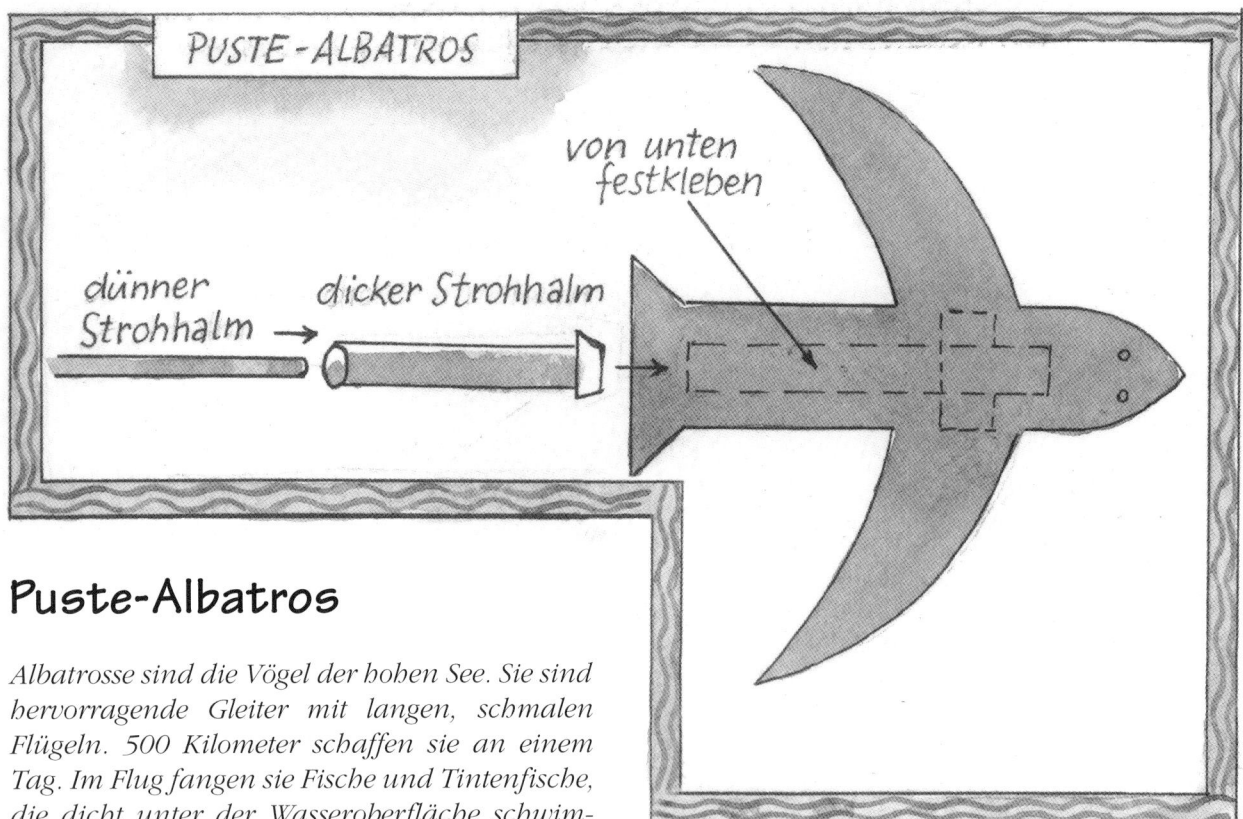

PUSTE-ALBATROS

dünner Strohhalm → *dicker Strohhalm*

von unten festkleben

Puste-Albatros

Albatrosse sind die Vögel der hohen See. Sie sind hervorragende Gleiter mit langen, schmalen Flügeln. 500 Kilometer schaffen sie an einem Tag. Im Flug fangen sie Fische und Tintenfische, die dicht unter der Wasseroberfläche schwimmen, und trinken Meerwasser. Nur zum Brüten kommen sie an Land. Landungen gehören deshalb nicht zu ihren Stärken, und wie in dem Disney-Zeichentrickfilm „Bernhard & Bianca" wird oft eine Bruchlandung daraus!

Material: je 1 dicker und 1 dünner Strohhalm pro Kind, Schere, Klebeband, Tonpapier in beliebiger Farbe, Bunt- oder Wachsmalstifte
Alter: ab 4 Jahren

Die beiden Strohhalme etwa halbieren, der dünne Strohhalm sollte dabei 1 cm länger bleiben als der dicke.
Ein Ende des dicken Strohhalmes ungefähr 1 cm weit umknicken und mit Klebeband fixieren.
Aus dem Tonpapier eine Vogelform ausschneiden (s. Abb.); von Schnabel bis Schwanzfeder sollte der Vogel nicht länger sein als der dicke Strohhalm.
Vogel nach Belieben bemalen.
Den dicken Strohhalm von unten mit Klebeband an dem Vogel befestigen, so dass das geschlossene Ende zum Schnabel zeigt.
Den dünnen Strohhalm in den dicken einführen und kräftig hineinpusten: jetzt fliegt der Albatros.

Einmal um die Sieben Weltmeere

Unter Seeleuten galt der Albatross als Glücksvogel, wenn sie ihm auf hoher See begegneten. Albatrosse überfliegen mehrere Jahre lang die Weltmeere (meist der südlichen Halbkugel), bis sie sich zum Brüten niederlassen.
Die Zahl „Sieben" bedeutete früher „viele" – es sind also nicht tatsächlich sieben, sondern viele Ozeane gemeint!

Material: Puste-Albatros (s. o.), blaue Straßenkreide
Alter: ab 3 Jahren

Mit der Straßenkreide eine Startlinie auf den Boden malen.
In regelmäßigen Abständen dazu weitere sieben Wellenlinien – als Symbol für die Sieben Weltmeere – ziehen.
Die Albatrosse starten von der ersten Linie und versuchen, alle Weltmeere mit einem einzigen Flug zu überfliegen.

Ursuppe

Hier kann jedes Kind Schöpfer sein und seine ganz eigenen Urtiere kreieren.

Material: Waage, Nudelholz oder -maschine, pro Kind ein Messer oder Meerestier-Ausstecher und Brettchen

Zutaten: Mehl, Salz und Eier je nach gewünschter Menge (auf ein mittelgroßes Ei kommen 100–125 g Mehl und etwas Salz. Bei der Berechnung der Menge berücksichtigen, dass die Nudeln nicht getrocknet sind: 100 g Mehl reichen für 2–4 Kinderportionen.), Instant-Gemüsebrühe oder Tomatensuppe aus der Tüte (oder frische Suppe selber kochen)

Alter: ab 5 Jahren

Mehl, Salz und Eier miteinander verkneten und ausrollen.

Nach Lust und Laune und mit viel Fantasie Meerestiere aus dem Teig ausschneiden oder ausstechen.

Fertige Nudeltiere in reichlich Salzwasser *al dente* kochen und abgießen.

Inzwischen die Suppe erhitzen und die Nudeltiere darin servieren.

Guten Appetit!

Ein Fischerdorf am Meer

Schon die Menschen der Steinzeit nutzten das Meer mit seinem großen Nahrungsreichtum. Sie gingen nicht nur auf die Jagd oder sammelten Früchte und Wurzeln. Manche von ihnen zogen zu bestimmten Jahreszeiten zum Meer, um Muscheln und Schnecken zu sammeln und um Fische zu fangen. Vor allem als die erste primitive Landwirtschaft entstand und die gesamte Bevölkerung wuchs, nutzten die Menschen das überreiche Angebot des Meeres. Feste Küstensiedlungen entstanden.

Küstenfischerei

Zuerst fischten die Menschen hauptsächlich an den Küsten. Sie entwickelten viele Fangtechniken, die heute noch weltweit angewandt werden: Haken, Köder und Schlingen, Fallen und Netze, Reusen und Körbe. Mit Speeren, Pfeil und Bogen lassen sich einzelne Fische fangen. Mit Haken, Leine und Rute wird vom Ufer oder von einem Boot aus gefischt. Von Booten aus werden auch Netze geworfen, manche so klein, dass ein einzelner Fischer sie handhaben kann, andere so groß, dass mehrere Männer sie auswerfen und einziehen müssen.

Der Beitrag der Küstenfischerei ist nicht zu unterschätzen: Die Menschen in tropischen Entwicklungsländern decken einen Großteil ihres Eiweißbedarfes über diese Art von Fischfang.

Hochseefischfang

Neben den Küstenfischern kreuzen heute riesige Hochseeflotten durch die Weltmeere. Der Löwenanteil aller Fische wird auf hoher See gefangen. Viele der Hochsee-Netze sind so lang, dass man mit ihnen einen Jumbojet einfangen könnte. Früher waren manche Treibnetze über 40 Kilometer lang. Heute ist die Länge der Netze international auf 2,5 Kilometer begrenzt. Trotzdem können bis zu 100 Tonnen Fisch mit einem einzigen Fang an Bord gezogen werden. Die Flotten fangen die Fische nicht nur; sie verarbeiten sie auch gleich an Bord weiter, frieren sie ein oder packen sie in Konservendosen. Sie fangen hauptsächlich Thunfische, Sardinen, Makrelen, Heringe, Garnelen und Sardellen, näher an der Küste aber auch Kabeljau und Scholle. Unbeabsichtigt mitgefangene, aber unerwünschte Lebewesen werden ins Meer zurückgeworfen – dann sind sie jedoch schon tot.

Neben kleineren Tieren (und vermutlich Millionen von Haien) verenden jährlich auch Tausende von Delfinen in den riesigen Netzen der Hochseefischer. Die Delfine verfangen sich in den Maschen, können nicht mehr an die Oberfläche um zu atmen und ertrinken jämmerlich. Vor allem die Thunfisch-Fischerei kostete viele Delfine das Leben, da Delfine und Thunfische oft zusammen schwimmen (viele Fischer folgen sogar den Delfinen, um Thunfische aufzuspüren). Inzwischen unterliegt die Thunfisch-Industrie vielen Regeln und Vorschriften, um die Meeressäuger zu schützen, und manche Firmen werben damit, dass ihr Thunfischfang keine Delfine gefährdet. Verlass ist darauf aber leider nicht immer.

Die Fische sterben aus

Schon lange warnen WissenschaftlerInnen: Fast alle Fischbestände weltweit sind überfischt. Das bedeutet, dass Jungfische nicht so schnell nachwachsen können, wie die großen Fische weg gefangen werden. Und je weniger erwachsene Fische, desto weniger Nachwuchs! Wahrscheinlich wird es nicht mehr lange dauern, bis viele Fischarten nahezu ausgerottet sind. Es ist dringend nötig, Fangquoten festzulegen, damit für alle wenigstens etwas da ist und damit die Fischbestände sich erholen können.

Eigentlich müssten wir als Verbraucher schon lange gemerkt haben, dass Fisch seltener und damit auch teurer wird (die Qualität der Fische beispielsweise, die zu Fischstäbchen verarbeitet werden, sinkt schon seit mehreren Jahrzehnten ständig). Die riesigen Fangflotten, die ohne Rücksicht auf Verluste alle Fischbestände leer fischen, und die automatische Verarbeitung auf See machen es zur Zeit aber noch möglich, Fisch relativ preiswert anzubieten. Das wird sich auf lange Sicht sicher ändern.

Häfen

Ein Hafen liegt immer an einem Abschnitt der Küste, der vor Wind, Wellen und Strömungen geschützt ist und daher sichere Ankerplätze bietet. Manche Häfen sind bis auf eine schmale Ein- und Ausfahrt ganz von Land umschlossen. Viele Häfen aber bieten dem Meer eine offene Seite und müssen dort durch künstliche Bauten wie Wellenbrecher oder Hafenmauern geschützt werden. Ebenso wichtig ist die Tiefe eines Hafens. Die meisten Häfen der Welt sind natürliche Becken, und solange die Schiffe relativ klein blieben, reichte ihre natürliche Tiefe aus. Die Größe moderner Schiffe gibt Hafenrinnen von einer Tiefe bis zu 30 m vor. Kaum ein natürlicher Hafen ist so tief. Deshalb müssen Hafenbecken regelmäßig ausgebaggert werden.

Häfen haben schon immer eine wichtige Rolle gespielt. Ob ein Reich zur Welt- oder Handelsmacht wurde, lag oftmals nur in seinen Häfen und seinem Zugang zum Meer begründet. Die Phönizier bauten bereits im 13. Jh. v. Chr. künstliche Hafenanlagen. Das berühmte Alexandria, die wichtigste Stadt Ägyptens in den Jahrhunderten vor Christus, besaß einen riesigen Handelshafen. Die Griechen und Römer der Antike, die Portugiesen, Spanier und Engländer – sie alle festigten ihre Reiche über ihre Häfen und ihre Seemacht.

Der Fischer und seine Frau
Nach einem Märchen der Brüder Grimm

Es war einmal ein armer Fischer, der lebte mit seiner Frau in einer ärmlichen Hütte am Meer. Eines Morgens ging er wie jeden Tag los um seine Netze auszulegen. „Wehe, wenn du mit leeren Händen nach Hause kommst!", schrie ihm seine zänkische Frau nach.

Kaum hatte der Fischer am Ufer seine Netze ausgeworfen, als er zwischen den Maschen einen Fisch golden glitzern sah. ‚Was für ein seltsamer Fisch', dachte er, während er ihn aus dem Netz nahm. Und seine Verwunderung nahm noch zu, als er den Fisch sprechen hörte: „Guter Fischer, lass mich frei! Ich bin der Sohn des Meerkönigs. Wenn du mich schwimmen lässt, erfülle ich dir jeden Wunsch!"

Der Fischer war darüber so erschrocken, dass er den Fisch ohne nachzudenken sofort wieder ins Wasser warf. Aber als er nach Hause zu seiner Frau kam und ihr die seltsame Geschichte erzählte, schimpfte sie mit ihm: „Was? Er hat gesagt, er werde dir jeden Wunsch erfüllen? Du hättest dir erst etwas wünschen sollen, bevor du ihn schwimmen ließest. Geh sofort wieder ans Ufer und sage ihm, wenn du ihn findest, dass ich einen neuen Zuber brauche. Der alte ist ganz kaputt!"

Der Fischer kehrte ans Ufer zurück. Er hatte gerade den Fisch gerufen, als er auch schon dessen Stimme vernahm: „Hier bin ich! Hast du mich gesucht?" Und sein Kopf lugte aus dem Wasser hervor. Der Fischer erklärte den Wunsch seiner Frau und sogleich kam die freundliche Antwort: „Du bist gut zu mir gewesen. Geh nach Hause zurück, dein Wunsch wird erfüllt."

Der Fischer glaubte, dass seine Frau jetzt zufrieden sein müsse, und kehrte leichten Herzens nach Hause zurück. Aber seine Frau empfing ihn mit Schimpfworten: „Es stimmt also, dass der Fisch, den du freigelassen hast, ein Zauberfisch ist. Sieh, der Zuber ist neu! Und wenn der Fisch so viel Macht besitzt, dürfen wir uns nicht mit so einem armseligen Wunsch zufrieden geben. Lauf sofort zurück und verlange ein neues großes Haus!"

Der Fischer lief sofort ans Ufer zurück. ‚Wer weiß, ob ich ihn wiederfinde. Hoffentlich ist er nicht verschwunden', dachte er und rief über das Wasser: „Fischlein! Fischlein!" „Hier bin ich! Was willst du noch?", klang die Stimme aus dem Meer. Der Fischer antwortete: „Mein Frau, sie möchte..."

„Das konnte ich mir denken", sagte der Fisch, „was will sie denn jetzt?"

„Sie möchte ein großes Haus", murmelte der Fischer zögernd. „In Ordnung", sagte der Fisch, „du bist gut zu mir gewesen, deshalb will ich dir auch diesen Wunsch erfüllen."

Diese Mal ging der Fischer langsam nach Hause zurück und stellte sich vor, wie glücklich seine Frau über das schöne neue Haus sein würde. Aber seine Frau kam ihm wütend entgegen. „Jetzt, wo wir die Macht des Fisches kennen, dürfen wir uns doch nicht mit so einem Haus zufrieden geben. Wir müssen mehr verlangen! Lauf sofort zurück und verlange einen Palast! Und schöne Kleider! Und Juwelen!"

Dem Fischer war gar nicht wohl dabei. Er traute sich aber nicht, seiner Frau zu widersprechen, und ging zum Ufer zurück. Voller Zweifel begann er, den Fisch zu rufen.

Diesmal dauerte es eine Weile, bis dieser aus den Wellen auftauchte. Inzwischen war auch das Meer unruhiger geworden.

„Es tut mir Leid, dich nochmals belästigen zu müssen," sagte der Fischer, „aber meine Frau hat es sich anders überlegt. Sie möchte lieber einen Palast, schöne Kleider und Juwelen." Auch dieses Mal erfüllte der Fisch alle Wünsche, er schien aber weniger freundlich als vorher.

Der Fischer war erleichtert, seine Frau nun endlich zufrieden gestellt zu haben, und ging schnell nach Hause. Aus dem Haus war inzwischen ein fürstlicher Palast geworden. Auf der Eingangstreppe stand seine Frau in schöne Gewänder gekleidet und mit Juwelen geschmückt. Ungeduldig sagte sie zu dem Fischer: „Geh sofort zurück. Das reicht noch nicht!"

„Wie!", antwortete der Fischer, „du hast doch jetzt so einen prächtigen Palast. Lass uns doch damit zufrieden sein!"

„Nein", schimpfte seine Frau, „tu, was ich dir sage und geh sofort zurück. Ich will zur Kaiserin gekrönt werden!"

Betrübt kehrte der arme Fischer ans Meer zurück, über dem sich inzwischen ein Sturm zusammengebraut hatte. Der Himmel war schwarz und grelle Blitze zerrissen die Finsternis. Hohe Wellen schlugen gegen das Ufer. Der Fischer kniete auf den Felsen nieder und rief mit schwacher Stimme nach dem Fisch. Als dieser endlich erschien, trug der Fischer den neuen Wunsch seiner Frau vor. Dieses Mal verschwand der Fisch, der schweigend zugehört hatte, ohne eine Antwort in den Fluten. Der Fischer wartete, aber vergebens – der Fisch kam nicht zurück. Plötzlich erleuchtete ein blendender Blitz den Himmel. In seinem Licht sah der Fischer, dass der Palast verschwunden war. An seiner Stelle stand wieder die alte Hütte, und die Frau des Fischers stand weinend davor. „Das geschieht dir recht", brummte der Fischer, „du hättest dich mit dem zufrieden geben sollen, was du hattest."

Am nächsten Tag und an allen folgenden Tagen fischte er weiter, so wie er es immer getan hatte, aber den goldenen Fisch sah er nie wieder.

Hafen

Der Hafen von New York hat – alle Verladeplätze, Ankerplätze usw. zusammengerechnet – eine Wasserfront von über 700 km Länge. So groß muss der Hafen der Kinder nicht werden!

Material: viele kleine Schachteln und Kartons, Farbe und Pinsel oder Stifte, große Pappe, längliche Pappreste, Kleber, blaues Tuch oder aufgeschnittener blauer Müllsack, Papierbötchen, Plastik- oder Holzmenschen; evtl. Plastik- oder Holzklötzchen
Alter: ab 3 Jahren

Die Schachteln und Kartons als Häuser eines Fischerdorfes bemalen und zusammen auf ein größeres Stück Pappe kleben.

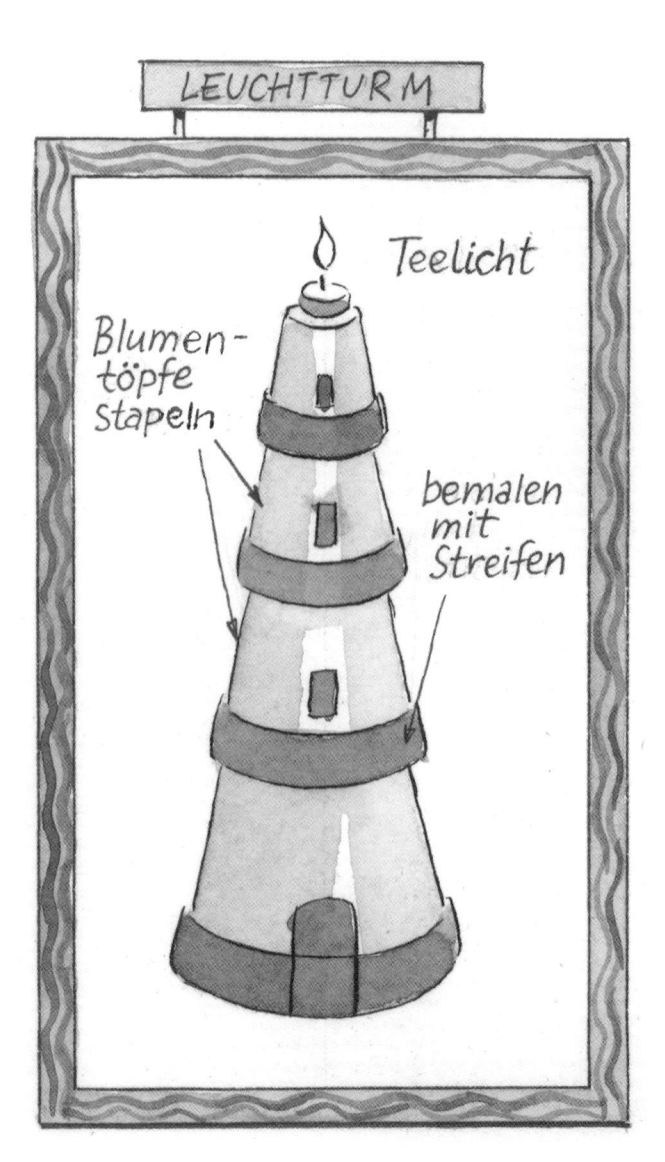

Die Pappe auf den Boden an den Rand eines blauen Tuchs oder aufgeschnittenen Müllsacks als Meer legen.
Längliche Pappstücke von der Hafenmole aus als Hafenmauern und Anlegeplätze in dieses Wasser ragen lassen.
Den Hafen mit Papierbötchen oder anderen Booten (s. S. 85 ff.) und Plastik- oder Holzmenschen bevölkern.

Tipp

Wenn genug Häuser da sind, einen zweiten Hafen auf der anderen Seite des Meeres anlegen und regen Tauschhandel mit Plastik- oder Holzklötzen beginnen.

Leuchtturm

Leuchttürme warnen Schiffe vor Gefahren – tagsüber durch auffällige Bemalung, nachts durch Licht. Der berühmteste (und vielleicht sogar der erste richtige) Leuchtturm der Geschichte war der Pharos von Alexandria. Er wurde 270 v. Chr. gebaut, war 110 m hoch und gehörte zu den Sieben Weltwundern der Antike.

Material: 3–5 Tonblumentöpfe in aufeinander folgenden Größen, rote, schwarze und weiße Farbe, Pinsel, Klebstoff oder Heißklebepistole, Teelicht
Alter: ab 4 Jahren

Die Blumentöpfe abwechselnd mit breiten roten und weißen Ringelstreifen bemalen und trocknen lassen.
Die Töpfe der Größe nach – der größte Topf steht zuunterst, der kleinste Topf zuoberst (s. Abb.) – mit der Öffnung nach unten aufeinander stellen.
Auf den größten Topf eine Tür und auf die kleineren Töpfe Fenster mit schwarzer Farbe aufmalen. Trocknen lassen. Die Blumentöpfe aufeinander kleben.
Ein Teelicht auf die Spitze setzen – schon leuchtet der Turm.

Treppenspiel

Der arme Leuchtturmwärter! Ständig die Treppen rauf und runter! Wer im Urlaub schon einmal einen Leuchtturm besichtigt hat, weiß, wie müde die Beine dabei werden ...

Material: Treppe
Alter: ab 3 Jahren

Die Kinder stellen sich paarweise vor eine Treppe. Wer schafft es als erster die Treppe hoch? Da die Treppe vermutlich nicht so hoch ist wie ein Leuchtturm, gibt es eine zusätzliche Regel: Erst drei Stufen hoch, dann zwei Stufen runter. Auf die Stufen, fertig, los!

Käscher

Die ursprünglichste Methode, Fische zu fangen, besteht darin, sie mit der Hand aus dem Wasser zu greifen. Dazu braucht es aber viel Geduld und Geschick! Mit Käscher ist es einfacher.

Material: Plastiknetz (von Obst- oder Gemüseverpackungen), Draht (Ø etwa 2 mm), Zange, Isolier- oder Gewebeband, langer Bambus- oder Holzstab
Alter: ab 4 Jahren

Die obere Kante des Netzes umschlagen und durch die doppelten Maschen den Draht weben. Dabei den Draht mit jeder Masche mehr zum Kreis biegen.
Nach einer Runde die beiden Drahtenden nach außen biegen, bis auf ca. 5 cm abkneifen und fest mit dem Klebeband umwickeln.
Netz an den Stab halten und Drahtenden und Stab fest mit Klebeband umwickeln.
Nun steht dem Fischfang nichts mehr im Wege. Ob auch die Frösche im Gartenteich ins Netz gehen? Oder der Schmetterling dort auf der Blume?

Variante 1
Feuerfische (s. S. 58) im Planschbecken schwimmen lassen. Wer kann in einer Minute die meisten Fische herausfangen?

Variante 2
Die Kinder versuchen, die Fische auf Zuwurf aus der Luft zu fangen!

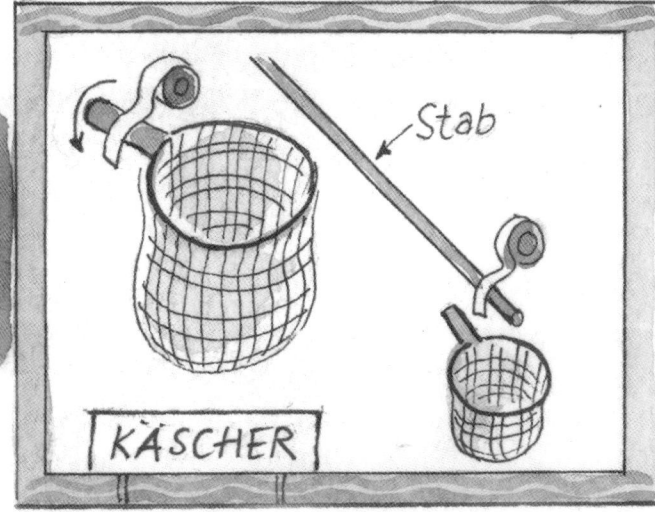

flach geknüpft

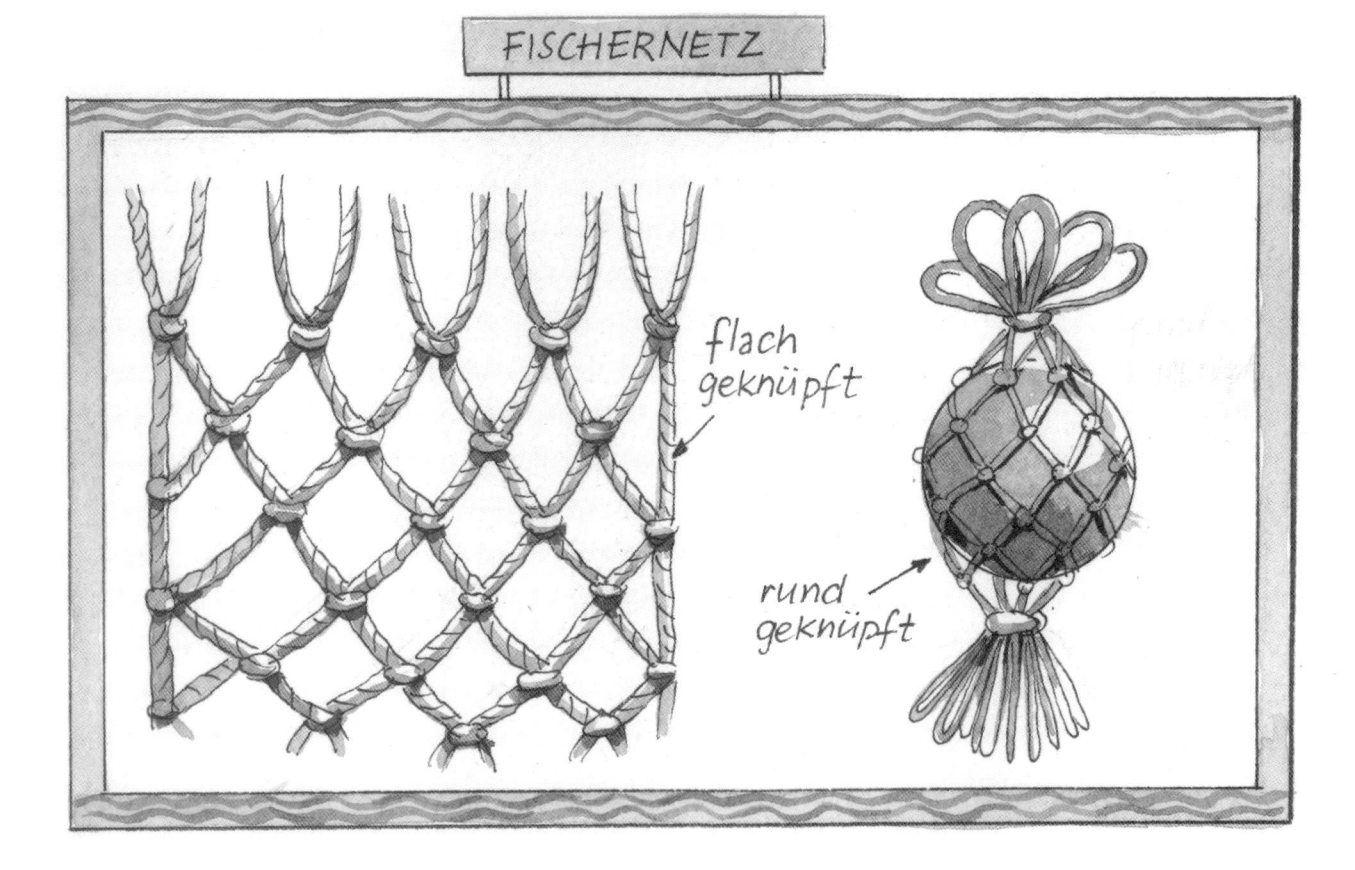

rund geknüpft

Fischernetz knüpfen

Material: feste Schnur oder dünnes Seil (mind. 10 m lang), Schere; evtl. dünnes Seil (ca. 9 m), Glaskugel bzw. Ball
Alter: ab 5 Jahren

Zehn etwa 1 m lange Stücke von dem Seil abschneiden.
Jeweils zwei Stücke mit einem Doppelknoten an einem Ende zusammenfassen.
Seile in senkrechten Reihen vor sich hinlegen.
Je ein Seil von zwei nebeneinander liegenden Knoten nehmen und miteinander ungefähr 5–10 cm unter dem ersten Knoten zusammenknüpfen (s. Abb.). Außer mit den Randseilen mit allen Seilen so verfahren.
Nun die nächste Reihe knüpfen: Die ursprünglichen Seile wieder miteinander verknoten.
Die Doppelknoten sollten nach oben hin einen gleichmäßigen Abstand haben.
Knüpfen, bis das Seil aufgebraucht ist.

Variante

In Fischrestaurants hängen häufig in Netze eingeknüpfte, grün schillernde Glaskugeln. Dazu fünf Stücke Seil von 180 cm Länge abschneiden, doppelt legen und oben mit einem Knoten zusammenfassen.
10 cm darunter je zwei Seile mit Doppelknoten aneinander knüpfen.
Jeweils 5 cm unter der darüber liegenden Knotenreihe wie beim Fischernetz Reihen von Knoten knüpfen – das Ganze je nach Größe der Glaskugel (oder dem Ball), der hinein soll, 5- bis 7mal.
Zuletzt alle Seile in einem Knoten zusammenfassen.

Fische fangen

Material: Fischernetz (s. o.)
Alter: ab 4 Jahren

Ein Kind ist FischerIn und bekommt das Netz. Die anderen Kinder sind die Fische, die auf gar keinen Fall ins Netz gehen wollen.
Der Fischer versucht natürlich, einem der Fische das Netz über den Kopf zu werfen. Gelingt ihm das, tauschen Fischer und Fisch die Rollen.

Fischefangen im Origami-Becher

Hier springen die Fische dem guten Fischer direkt in den Eimer. Aber: Nur Übung macht den Meister!

Material: rechteckiges Papier, Schnur, Zahnstocher oder Streichholz, Schere, Pappe, Stifte; evtl. kleine Geldmünze
Alter: ab 5 Jahren

Aus dem Papier einen Becher falten:
Papier in der Mitte falten.
Die an der Falz gelegenen Ecken nicht ganz bis zur Mitte falten.
Den vorderen oberen Rand über die Ecken nach unten umschlagen. Form wenden.
Die Seiten bis zur Mitte falten.
Den oberen, überstehenden Rand nach unten falten.
In den Boden ein kleines Loch schneiden.
Den Zahnstocher an ein Ende der Schnur binden, in den Becher legen und das freie Schnurende durch das Loch nach Draußen führen.
Straff ziehen, so dass der Zahnstocher quer auf dem Becherboden liegt und das Herausrutschen der Schnur verhindert.
Auf die Pappe einen bunten Fisch malen, der von der Größe her in den Becher passt. In das Fischmaul ein Loch bohren und das freie Schnurende daran festknoten.
Den Becher so bewegen, dass der Fisch in hohem Bogen hineinspringt! (Falls der Fisch zu leicht sein sollte, eine kleine Geldmünze auf seiner Rückseite festkleben.)

Fischer, Fischer, welche Fahne weht heute?

Material: Spielfeldmarkierung (z. B. Seile, Jacken oder Kreide)
Alter: ab 3 Jahren

Die Spielleitung markiert mit Seilen, Jacken oder Kreide ein längliches Spielfeld mit Platz zum Rennen.
Ein Kind ist Fischer und stellt sich an die eine kurze Seite des Spielfeldes, die anderen Kinder sind die Fische und stehen gemeinsam am anderen Ende.
Die Fische rufen: „Fischer, Fischer, welche Fahne weht heute?"
Der Fischer antwortet mit einer Farbe, z. B. „Die grüne!".
Alle Kinder mit Kleidung in dieser Farbe rennen los.
Wen der Fischer fängt, ist neuer Fischer.
Übrigens: Unterwäsche gilt nicht!

ORIGAMI-BECHER

1. Ein rechteckiges Papier waagerecht in der Mitte falten

2. Die Ecken an der geschl. Seite bis zur Mitte falten (1cm Abstand von der Mitte)

3. Den vorderen oberen Rand über die Ecken nach unten umschlagen.

4. Die Form wenden und die beiden Seiten nach vorn bis zur Mitte falten.

5. Zum Schluss den oberen, überstehenden Rand nach vorn herunterfalten.

Fisch aus Pappe

Angelspiel

Dieses Spiel eignet sich hervorragend für eine Geburtstagsfeier, bei der genascht werden darf.

Material: Moosgummi in 3 oder 4 Farben, Schere, Loch- und Nietenzange, Nieten, evtl. Büroklammern aus Metall, Stäbe oder Stöcke, Schnur, Magnete, Schüsseln in den gleichen 3 oder 4 Farben, 3 oder 4 verschiedene Sorten Süßigkeiten, große Wanne; evtl. Tuch zum Verbinden der Augen, Filzstift
Alter: ab 3 Jahren (mit Variante für ältere Kinder)

Aus dem Moosgummi Meerestiere ausschneiden – Fische und Seesterne haben recht einfache Formen und bieten sich an.
Bei jedem Tier ein Loch ausstanzen und eine Niete einsetzen. (Wer keine Loch- und Nietenzange hat, steckt Büroklammern aus Metall an die Tiere.)
Magnete an die Schnüre und diese wiederum an die Stäbe knoten – fertig sind die Angeln.
In jede der Schüsseln eine Sorte Süßigkeit füllen und neben der Wanne bereit stellen.
Die fertigen Tiere in die Wanne legen.
Reihum dürfen die Kinder ein Tier aus der Wanne angeln.
Für jedes geangelte Tier dürfen sie aus der gleichfarbigen Schüssel eine Süßigkeit naschen.

Variante für ältere Kinder
Älteren Kindern die Augen verbinden.

Varianten ohne Süßes
- Auf die Tiere mit Filzstift Zahlen schreiben und für jeden Angler aufaddieren. Wer angelt die meisten Punkte?
- Einmal anders herum spielen: Der Fischer mit der niedrigsten Punktzahl gewinnt.
- Ganz anders: Jeder Farbe einen Mitspieler oder eine Mitspielerin zuteilen. Das Kind, dessen Farbe von einem anderen Kind geangelt wird, darf diesem eine Aufgabe stellen, z. B. „10-mal auf einem Bein hüpfen!", „Einmal von einem Stuhl springen!" oder „Durch die gespreizten Beine nach hinten gucken und eine Grimasse ziehen!".

Krabben pulen

Zu den größten Leckereien, die das Meer zu bieten hat, gehören sicherlich Garnelen. Auf Nachfrage sind sie ungeschält, aber vorgekocht, im Fachhandel erhältlich. Beim Krabbenpulen wird das Essen zum Biologieunterricht: Der Panzer besteht aus vielen Teilen – wo müssen kleine Leckermäuler am Geschicktesten drehen und brechen, um den Panzer abziehen zu können? Wie viele Beine hat denn überhaupt so ein Viech? Und wer hat ein Weibchen, das noch die Eier zwischen den Beinen trägt?

Material: ungeschälte Krabben, viel Zeit, noch mehr Servietten oder Küchenpapier, evtl. Brötchen oder Toastbrot und leckere Grill- oder Salatsaucen
Alter: ab 5 Jahren

Den Kindern zeigen, wie man Krabben pult: Kopf abdrehen, Schwanzfächer abziehen, Panzer ein bisschen aufknacken und ebenfalls entfernen – das feste Muskelfleisch des Hinterleibes bleibt übrig. Sofort in den Mund stecken oder viele gepulte Krabben für ein Krabbenbrötchen oder einen Krabbentoast mit Sauce zusammensparen. Die Servietten für die klebrigen Finger bereit halten.

Wasserpolizei

Eine wichtige Aufgabe der Wasserpolizei ist es, Schmuggler zu schnappen.

Material: viele Holz- oder Legoklötze in einer Farbe, 1 Klotz in einer anderen, Korb
Alter: ab 3 Jahren (mit Variante für ältere Kinder)

Die Spielleitung wählt ein Kind aus, das WasserpolizistIn sein darf – vielleicht das Kind, das am lautesten „Halt! Stehenbleiben!" schreien kann?
Die anderen Kinder sind HändlerInnen, unter denen sich auch ein Schmuggler verbirgt …
Die Polizei zieht sich in den Hafen am einen Ende des Raumes zurück.
Die anderen Kinder sind mit der Spielleitung auf hoher See am anderen Ende des Raumes. Die Spielleitung hält den Kindern den Korb mit den Klötzen hin.
Jedes Kind darf ein Klötzchen nehmen.
Das Kind mit dem einzelnen Klotz ist der Schmuggler – er sollte jetzt ein besonders unauffälliges Gesicht machen!
Die Kinder verbergen ihren Klotz in der Hand oder in der Kleidung.
Dann gehen sie langsam zum Hafen hinüber, so wie Schiffe, die in den Hafen einlaufen wollen.
Die Polizei beobachtet alle genau.
Benimmt sich einer der HändlerInnen auffällig? Die Polizei entscheidet sich für einen und spricht ihn an: „Zeig' mir deine Ware."
Zeigt der Händler richtige Ware, muss die Polizei noch eine Runde machen.
Erwischt sie aber den Schmuggler, tauschen beide die Rollen.

Variante für ältere Kinder
Ältere Kinder benehmen sich besonders auffällig, um den Verdacht der Polizei vom Schmuggler abzulenken.
Ob die Polizei wirklich darauf hereinfällt?

Wasserfeuerwehr

Material: Schiff mit Düsenantrieb (s. S. 87), Wasserpistolen oder Spritzflaschen, Teelicht, Wasserfläche; evtl. mehrere möglichst gerade Stöcke, Schnur oder Gummibänder
Alter: ab 4 Jahren

Den Schiffsrumpf (ohne Düsenantrieb) zu Wasser lassen und ein brennendes Teelicht darauf setzen.
Aus einiger Entfernung bespritzen die Kinder die Flamme aus ihren Spritzpistolen mit Wasser und versuchen sie zu löschen.

Variante
Statt des Schiffsrumpfes ein Floß bauen. Dafür mehrere möglichst gerade Stöcke mit Schnur oder Gummis aneinanderfügen. So ist der Feuerwehr keine Bordkante im Weg.

Wir fahren über's weite Meer!

Die Schifffahrt ist so alt wie die Menschheit selbst. Es gibt Hinweise, dass die Menschen bereits vor 40.000 Jahren gelernt haben, Schiffe zu bauen und über weite Strecken zu führen: Damals waren schon alle Kontinente (bis auf die Antarktis) besiedelt. Die beiden Amerikas waren mit Asien und Europa über eine Landbrücke verbunden, der Mittelmeerraum verband Europa mit Afrika. Australien aber war von Asien durch das Meer abgetrennt – die ersten australischen Siedler müssen mit dem Boot gekommen sein. Teile der Reise bestanden aus recht einfachem „Insel-Springen"; die Entfernungen von Insel zu Insel waren überschaubar. Aber es mussten auch Strecken von bis zu 100 Kilometern über das Meer zurückgelegt werden. Die ersten Siedler Australiens benutzten vielleicht Boote aus ausgehöhlten Baumstämmen, die sie durch mehrere Ausleger stabilisierten. Die Boote müssen jedenfalls erstaunlich robust gewesen sein.

Alte Kulturen und ihre Boote

Was es bedeutet, die Reise ins Ungewisse anzutreten, können wir heute kaum noch nachfühlen. Wir wissen, wie wir jeden Flecken auf der Erde erreichen. Für die ersten Seefahrer aber war jede Reise ein Abenteuer – wo mochte sie enden? Und wann? Um so erstaunlicher, dass alle Küstenvölker zur See fuhren! Das Meer versprach nicht nur Abenteuer und Risiko, es ernährte die Menschen, die über seine Weiten hinweg Handel trieben und vom Fischfang lebten. 11.000 Jahre vor Christus handelten die Menschen der Mittleren Steinzeit in Südgriechenland bereits mit den Bewohnern der Insel Melos, 160 Kilometer entfernt. Sie tauschten Obsidian ein, ein vulkanisch entstandenes Glas mit scharfen Kanten, das damals als Rasiermesser sehr geschätzt wurde. 5000 Jahre vor Christus fuhren Fischer an den Küsten Irlands und Schottlands bereits weit ins Meer hinaus, um Kabeljau und andere Fische der hohen See zu fangen. Wahrscheinlich waren ihre Boote aus fest zusammengenähten Tierfellen gemacht. Lederboote wurden auch von den Kelten in Irland bevorzugt. Seetüchtige irische Mönche des frühen Mittelalters fuhren damit weite Strecken durch den Atlantik. Nachweislich erreichten sie sogar Island. Die Legende vom Hl. Brendan erzählt, dass er mit einer Handvoll furchtloser Gefährten nach langer Atlantikfahrt zu einem geheimnisvollen Land weit im Westen kam. Hätte es Nordamerika sein können? 1978 baute ein Forscher mit seinem Team ein solches Lederboot nach und sie gelangten darin tatsächlich wohlbehalten über den Atlantik.

Thor Heyerdahl überquerte 1947 mit dem Floß „Kon-Tiki" den Pazifik von Südamerika bis Polynesien, um zu beweisen, dass die Inseln von Südamerika aus besiedelt worden waren. 1969 erreichte er in einem Schilfboot nach altägyptischem Vorbild mit seiner Mannschaft von Marokko aus beinahe Mittelamerika; diesmal wollte Heyerdahl zeigen, dass die ägyptische Zivilisation die mittelamerikanische beeinflusst haben könnte.

Entwicklungen im Schiffsbau

Der Schiffsbau schritt in den frühen Kulturen unterschiedlich schnell voran. Im Mittelmeerraum wurde etwa 2600 Jahre vor Christus das erste Schiff gebaut, das aus Planken zusammengesetzt war. Die Chinesen erfanden in den Jahrhunderten vor Christi Geburt das Steuerruder und etwa 700 nach Christus Schiffe mit einem Schaufelradantrieb (den nicht etwa Dampf, sondern Menschenkraft am Laufen hielt).

Lange Zeit wurden Schiffe nur mit Ruderkraft angetrieben. Später waren sie mit Ruderbänken und Segeln ausgestattet, wie etwa die römischen Galeeren. Solange der Wind von hinten oder nur wenig von der Seite kam, fuhren sie mit Windkraft, ansonsten mit Muskelkraft. Erst als die seefahrenden Nationen lernten, Segel zu bauen, die sich im Wind drehen und mit denen die Schiffe gegen den Wind kreuzen konnten, wurden die Ruderbänke aufgegeben.

Vor ungefähr 150 Jahren kam Bewegung in den Schiffsbau. Holz wurde als Baumaterial erst von Eisen und später von Stahl verdrängt. Dampfmaschinen ersetzten die Segel. Heute fahren die meisten Schiffe mit einem Dieselmotor, der die Schiffsschraube antreibt.

Ölpest

Seit den 60er Jahren des letzten Jahrhunderts hat die Meeresverschmutzung durch Öl immer mehr zugenommen. Bei Ölbohrungen auf hoher See tritt immer wieder Öl ins Meerwasser aus. Hinzu kommen die Supertanker mit über 450.000 Tonnen Öl an Bord, die aber wie jedes andere Schiff auch in Seenot geraten können. Auf diese Art fließen jährlich etwa 900.000 Tonnen Öl ins Meer. Für die beteiligten Firmen ist das eine finanzielle Bürde, die in Kauf genommen wird. Für die Meere aber ist es eine Katastrophe. Das Öl, das auf der Wasseroberfläche schwimmt, hält das für das Algenwachstum wesentliche Sonnenlicht ab und verringert den Gehalt an Sauerstoff im Wasser. Außerdem verklebt Rohöl die Federn von Meeresvögeln und die Kiemen der Fische, die daraufhin qualvoll sterben. Fischer gehen leer aus; Touristen wollen nicht an ölverschmierten Stränden bleiben und suchen sich andere Urlaubsziele; freiwillige Helfer, die die Ölklumpen am Strand einsammeln, riskieren schwere Atemwegserkrankungen.

Gegen eine Ölpest gibt es kaum Hilfe. Auf dem Wasser treibende Barrieren, die die Ausbreitung des Ölflecks verhindern sollen, funktionieren nur in ruhigem Wasser. Auch die Methode, das Öl mit Stroh oder anderen saugfähigen Materialien zu binden, funktioniert nicht immer und hat den Nachteil, die Materialien samt Öl hinterher entsorgen zu müssen. Und auf den Weltmeeren fahren immer noch viele alte Tankschiffe, die nicht nach neuesten Sicherheitsstandards gebaut sind – eine tickende Zeitbombe ...

Matrosenkleidung

Mit der entsprechenden Kleidung macht das Spiel doppelt so viel Spaß. Die nötigen Requisiten gibt sicher jeder Kleiderschrank und jede sommerliche Urlaubsgarderobe her!

Material: weiße Jeans oder Caprihose, quer gestreifte T-Shirts, Leinenturnschuhe; evtl. Schminkstifte
Alter: ab 3 Jahren

Zu Matrosen passen gestreifte T-Shirts – am schönsten in blau-weiß oder rot-weiß. Dazu tragen sie weiße Hosen und Leinenturnschuhe.
Auf die Arme oder die Brust schminken sich Matrosen eine kernige Tätowierung: einen Anker, ein Herz, ein Segelschiff oder den Namen des oder der Liebsten.

Schlafgenosse
Das Wort „Matrose" leitet sich von dem mittelniederländischen Begriff *mattenoot* ab, das „Matten-" oder „Schlafgenosse" bedeutet. Früher standen den Matrosen auf den Schiffen nur eine Matte oder Schlafstelle für zwei Mann zur Verfügung; sie mussten also abwechselnd schlafen.

Matrosendrill

Schon verwirrend, diese Seemannssprache. War Backbord nun links oder rechts?
Kleine Eselsbrücken helfen weiter: Steuer-rechts – also ist Steuerbord die rechte Seite, Backbord die linke. Das Heck ist hinten am Schiff, der Bug vorne.

Material: keines
Alter: ab 5 Jahren

Zimmerwände oder – falls das Spiel draußen stattfindet – Himmelsrichtungen mit Heck, Bug, Backbord und Steuerbord benennen und mit den Kindern üben.
Evtl. Möbel oder Bäume als Anker, Mast u. Ä. festlegen.
Die Spielleitung ist der Kapitän und gibt Anweisungen: „Alle Mann nach Steuerbord!"
Die Matrosen rufen „Aye-aye, Käpt'n!" und laufen an die entsprechende Stelle.
Der Kapitän kann auch Tätigkeiten befehlen wie „Klettert auf den Mast" oder „Schrubbt das Deck!" – auch diese Befehle führen die Matrosen pantomimisch aus.
Der Kapitän passt gut auf seine Matrosen auf: Vertut sich einer, gibt dieser ein Pfand ab. Wer als erstes drei Pfänder verliert, wird symbolisch „kielgeholt" und von den anderen an Armen und Beinen einmal über Deck getragen. (Kielholen war früher eine schwere Strafe auf Schiffen: Der Matrose wurde an ein Seil gebunden und einmal im Wasser unter dem Schiff hergezogen. Da der Schiffsrumpf meist mit scharfkantigen Muscheln bewachsen war, kam es dabei zu Verletzungen oder sogar zum Tod.)

Variante
Die Anweisungen der Spielleitung beginnen immer mit „Der Käpt'n sagt".
Es können ruhig spaßige Anweisungen sein wie „Der Käpt'n sagt: Haare rubbeln!" oder „Der Käpt'n sagt: unter den Tisch kriechen!".
Die Matrosen befolgen wieder alle Befehle.
Beginnt der Satz aber ohne „Der Käpt'n sagt", dürfen sie faul sein und gar nichts tun.
Wer trotzdem dem Befehl folgt, scheidet aus.

Kompass

Die Chinesen haben den Kompass erfunden – sie benutzten ihn bereits vor 2000 Jahren. Arabische Kaufleute brachten den Kompass dann im 13. Jh. nach Europa.

Material: Magnet, Nähnadel, 1 Scheibe von einem Korken, Stecknadel, Schale mit Wasser; Papier, Stift
Alter: ab 5 Jahren

Den Magneten mehrmals in der gleichen Richtung über die Nähnadel ziehen, um sie zu magnetisieren. Der Magnet sollte dabei die Nadel berühren.

Die Nadel quer durch die Korkenscheibe stecken.

Die Stecknadel von oben nach unten durch die Korkenmitte pieksen. Jetzt ist der Kompass fertig.

Den Kompass in die Schale mit Wasser legen; die Spitze der Stecknadel sollte gerade eben noch den Boden der Schale berühren. Wichtig ist, dass der Kompass sich frei drehen kann.

Das wird er auch sofort tun: Ein Nadelende zeigt nach Norden, das andere nach Süden.

Tipp

Die Himmelsrichtungen mit dieser Eselsbrücke merken: „*N*icht *o*hne *S*eife *w*aschen."

Variante

Eine Kompassrose aufzeichnen und mit *N*orden oben beginnen und mit *O*sten, *S*üden, *W*esten im Uhrzeigersinn fortfahren.

Sanduhr

Wegen des Schaukelns auf den Wellen konnten auf Schiffen keine Penduluhren benutzt werden. Stattdessen hatten Segelschiffe gläserne Sanduhren an Bord, die nach jeweils einer halben Stunde abgelaufen waren. Ein Matrose, die Wache, hielt die Uhr immer im Auge, um sie rechtzeitig umzudrehen, und schlug dann eine Glocke: Ein Glasen war vorüber.

Material: 2 kleine, gleich große Plastikflaschen, 1 kleines Stück Pappe, Bleistift, spitze Schere, feiner Sand (z. B. Vogelsand), breites Klebeband, evtl. Stöcke und Gummibänder
Alter: ab 5 Jahren

Eine der Plastikflaschen mit dem Hals auf die Pappe setzen und die Öffnung mit dem Bleistift umfahren.

Den entstandenen Kreis ausschneiden und in die Mitte ein Loch pieksen.

Die Flasche mit feinem, trockenem Sand füllen. Die Pappscheibe auf die Öffnung legen und die zweite Flasche umgekehrt daraufsetzen (s. Abb.).

Die Flaschenhälse und die kleine Pappscheibe dazwischen fest mit Klebeband umwickeln, bis die Sanduhr dicht ist und nichts mehr verrutscht.

Tipp

Die Sanduhr steht stabiler, wenn die Seiten mit Stöcken gestützt und mit Gummibändern fixiert werden.

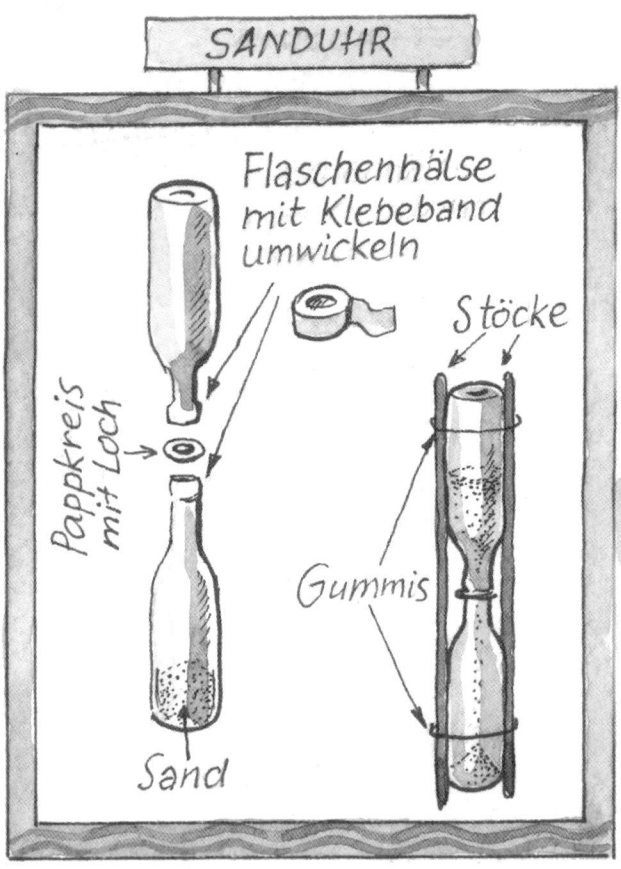

Sanduhrrennen

Material: altersgemäßer Hindernisparcours drinnen oder draußen (z. B. mit Tüchern, Stühlen, Bällen etc.), Sanduhr (s. S. 81); evtl. Augenbinde; evtl. Schwimmflossen, Tablett, Wasserbomben
Alter: ab 4 Jahren (mit Varianten für ältere Kinder)

Den Parcours aufbauen: Hindernisse könnten z. B. auf den Boden gelegte Tücher oder Kleidungsstücke sein, auf die das „blinde" Kind nicht treten darf, kniende Kinder oder Stühle, über die es klettern muss, Bälle oder sitzende Kinder, die im Slalom umrundet werden müssen.
Die Kinder stellen sich zu zweit zusammen.
Ein Kind schließt die Augen; das andere Kind führt das „blinde" Kind, indem es – seitlich etwas hinter ihm stehend – die abgewandte Schulter und die zugewandte Hand packt.
Auf ein Startsignal hin geht es los: Das Paar hat so viel Zeit, alle Hindernisse zu überwinden, bis die Sanduhr abgelaufen ist.

Vorsicht!
Nimmt das „blinde" Kind eines der Hindernisse falsch, muss es von vorne beginnen!

Variante 1 für ältere Kinder
Ältere Kinder dirigieren das „blinde" Kind durch Zurufe von der Startlinie aus.
Achtung! Nicht alle Zurufe müssen vom Partner des „Blinden" kommen!

Variante 2 für ältere Kinder
Schwerer und lustiger wird es, wenn das „blinde" Kind Schwimmflossen oder ein Tablett mit Wasserbomben trägt.

Sanduhrdrängeln

Material: Sanduhr (s. S. 81)
Alter: ab 4 Jahren
Ort: Sandkasten oder Strand

Alle Kinder bis auf eine Schiedsperson stellen sich eng zu einem Kreis zusammen.
Die Schiedsperson steht außerhalb der Gruppe und zieht in den Sand einen Kreis um die Füße der Kinder.
Sie dreht die Sanduhr um und gibt damit das Startsignal.
Alle Kinder versuchen, sich gegenseitig aus dem Kreis zu schieben.
Beste Drängler sind die Kinder, die bei Ablauf der Sanduhr noch im Kreis stehen.

Flaggenalphabet

Auf Rufweite kommen Schiffe auf See oft nicht aneinander heran. Optische Zeichen lassen sich hingegen mit einem Fernglas gut erkennen. So entstand das internationale Flaggenalphabet, in dem es für jeden Buchstaben und jede Ziffer eine Flagge gibt. Trotzdem wären lange Sätze eher mühsam. Deshalb gibt es Abkürzungen, wie das Flaggensignal W-A-Y: „Ich wünsche Ihnen eine angenehme Reise!"

Material: Papier, Stifte, Rundhölzer, Klebeband oder Tacker
Alter: ab 4 Jahren

Die Kinder fertigen in Gruppenarbeit einige beliebige Flaggen des Flaggenalphabets.
Sie einigen sich über die Bedeutung der einzelnen Flaggen:

- Die „S"-Flagge kann für „Steuerbord", also „nach rechts gehen" stehen.
- Die „B"-Flagge kann für „Backbord" stehen.
- Eine dritte Flagge könnte „Hinlegen" signalisieren oder „Rückwärts laufen".

Die Anzahl der Flaggen sollte dem Alter der Kinder angepasst sein.
Ein Kind ist der Flaggenmatrose und bekommt alle Flaggen in die Hand.
Es darf schnell hintereinander verschiedene Flaggen hoch halten und den anderen Matrosen damit signalisieren, was tun sollen.
Wer sich vertut, scheidet aus.
Wer übrig bleibt, löst den Flaggenmatrosen im nächsten Durchgang ab.

SIGNALFLAGGEN - BEISPIELE

Buchstabe	Farben
A	WEISS/BLAU
B	ROT
C	ROT/BLAU/WEISS
D	GELB/BLAU
E	BLAU/ROT
F	WEISS/ROT
G	GELB/BLAU
H	WEISS/ROT
I	GELB/SCHW.
J	BLAU/WEISS
L	GELB/SCHW.
M	BLAU/WEISS
N	BLAU/WEISS
S	BLAU/WEISS

Seemannsknoten

Seemänner und -frauen haben für jede Gelegenheit einen besonderen Knoten. Der Kreuz- oder Reffknoten ist ein ganz leichter, der sich besonders gut wieder öffnen lässt.

Material: Seil, evtl. Ast, Stuhl, Päckchen
Alter: ab 5 Jahren

Knoten um einen Ast, ein Stuhlbein oder ein Päckchen herum knüpfen (s. Abb.).
Der Knoten löst sich kinderleicht, indem man eines der Seilenden zur anderen Seite zieht, bis der Knoten kippt.

Matrosenknoten

Material: keines
Alter: ab 4 Jahren

Ein Matrose verlässt den Raum.
Die restlichen Matrosen fassen sich an den Händen und steigen und kriechen über- und untereinander, bis alle zu einem riesigen Knoten verheddert sind – aber ohne die Hände zu lösen!
Der einsame Matrose wird hereingerufen.
Er macht sich daran, den Knoten zu entwirren.
Gelingt es ihm, darf er den nächsten Knotenlöser bestimmen.

Variante 1
Die Kinder fassen sich an den Händen und verknoten sich mit geschlossenen Augen.
Ist der Knoten fertig geknüpft, öffnen sie die Augen und machen sich gemeinsam daran, ihn zu entwirren.

Variante 2
Die Kinder reichen sich von vorn herein die Hände durch die Beine hindurch, dem Kind gegenüber und überhaupt kreuz und quer. – Ob sich wohl auch dieser Knoten lösen lässt?

Bullaugenbilder

Bullaugen heißen die runden Fenster auf Schiffen. Sie lassen sich normalerweise nicht öffnen, sondern sind fest vernietet, damit kein Wasser eindringt.

Material: Goldkarton, Essteller und Frühstücksteller, Bleistift, Schere, silberner Edding, Papier in vielen Farben (oder weißes Papier bemalen), Stifte, Klebstoff, Zeitschriften oder Geschenkpapier mit Seemotiven
Alter: ab 3 Jahren

Essteller auf den Karton legen und den Umriss mit einem Stift umfahren.
Ausschneiden.
Den Frühstücksteller mittig auf den Kreis legen und ebenfalls ummalen.
Kreismitte ausschneiden.
Auf den so entstandenen Bullaugenrahmen silberne Nieten aufmalen.
Aus dem Papier mit Hilfe des Esstellers einen großen Kreis ausschneiden. Dieses Papier mit Seemotiven – Schiffen, Leuchttürmen an Land, springenden Delfinen (oder Meerestieren, falls das Bullauge zu einem U-Boot gehört) – bemalen oder bekleben.
Zuletzt das Bild hinter den Rahmen kleben.

Tipp
Bedenken, dass der Rahmen einen Teil des Bildes verdeckt!

Warum schwimmen Schiffe?

Dass ein Boot aus Holz oder ein Schiffchen aus Papier schwimmt, ist leicht zu begreifen: Es wiegt weniger als Wasser. Aber warum schwimmt ein Schiff aus Eisen und Stahl?

Material: Knete, Gefäß mit Wasser
Alter: ab 4 Jahren

Aus einem Stück Knete eine Kugel formen und in das Wasser fallen lassen: Die Knete versinkt. Wieder herausfischen, eine flache Schüssel daraus formen und vorsichtig auf die Wasseroberfläche setzen: Die gleiche Knete schwimmt jetzt! Am Gewicht hat sich nichts geändert, aber nun verdrängt das Knete-Boot eine ganze Menge Wasser – mehr Wasser, als das Gewicht der Knete ausmacht.

Moosgummi-Katamarane

Katamarane besitzen zwei Schiffsrümpfe mit einem Mittelteil dazwischen. Diese Schiffe kentern nicht so leicht!

Material: Moosgummi, Filzstift, Schere, Styroporklotz, Messer, wasserfester Klebstoff
Alter: ab 3 Jahren

Auf das Moosgummi die Seitenansicht eines Schiffsrumpfes malen und ausschneiden.
Den ausgeschnittenen Schiffsrumpf als Schablone für einen zweiten verwenden; auch diesen ausschneiden.
Eventuell mit Bullaugen und Anker verzieren.
Das Styropor mit dem Messer auf eine passende Größe, also etwas kleiner als die Schiffseitenteile schneiden und diese links und rechts an den Styroporklotz kleben.
Sobald der Kleber getrocknet ist, kann der Kapitän sein Boot zu Wasser lassen.

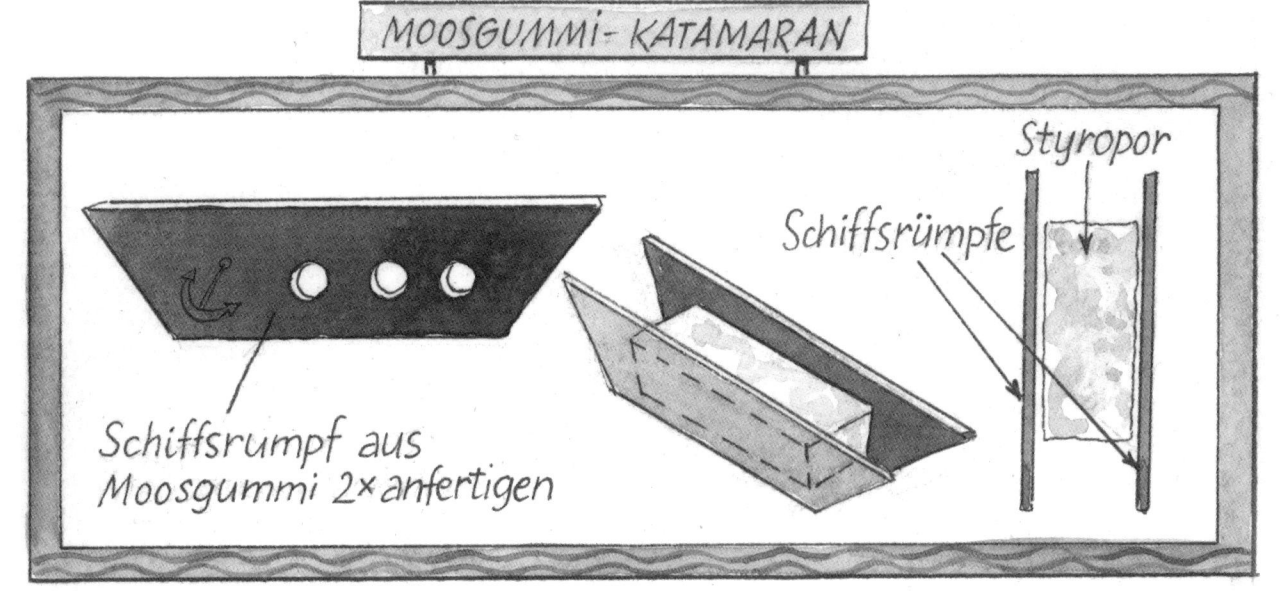

MOOSGUMMI-KATAMARAN

Schiffsrumpf aus Moosgummi 2× anfertigen

Schiffsrümpfe

Styropor

Wettsegeln

Material: je Teilnehmer 1 Moosgummi-Katamaran (s. S. 85), buntes Papier, Schere, Zahnstocher, Wasserfläche (z. B. Planschbecken)
Alter: ab 3 Jahren

Aus dem bunten Papier ein Segel schneiden. Segel oben und unten auf den Zahnstocher pieksen und diesen als Mast in das Styroporklötzchen stecken.
Segelboote auf das Wasser (z. B. in einem Planschbecken) setzen und auf Kommando pusten. Welches Boot erreicht als erstes das gegnerische Ufer?

Bötchenbasteln unterwegs

Einfacher geht's nicht!

Material: 1 längliches Blatt mit einem langen Stiel
Alter: ab 4 Jahren

Das Blatt biegen und den Stiel durch die Blattmitte stechen – fertig!
Der Rest Stiel, der unten herausguckt, ist der Kiel, der das Boot aufrecht hält, die Blattmitte ist der Schiffsrumpf und der Übergang von Blatt zum Stiel ist das Segel.

Containerschiff-Spiel

Moderne Frachter und die dazu gehörigen Container sind genormt, damit alles immer zueinander passt und die Ladung ohne Zeit- und Geldverluste an Bord genommen und wieder gelöscht werden kann. Gewaltige Kräne ersetzen dabei die Muskelkraft.

Material: je Kind 1 Marmeladenglasdeckel, Wanne, Wasser, viele gleiche Münzen
Alter: ab 3 Jahren

Die Wanne mit Wasser füllen.
Die Marmeladenglasdeckel dienen als Containerschiffe.
Deckel vorsichtig auf das Wasser setzen, so dass sie schwimmen.
Jeder Kapitän belädt sein Schiff mit seinem (Kran-)Arm: Eine Münze in die Hand nehmen und vorsichtig auf Deck des Schiffes ablegen. Mit weiteren Münzen beladen.
Welches Schiff kann die meiste Ladung transportieren?

Ölpest

Ölverschmierte Vögel können durch ein Bad in Spülmittel gerettet werden. Aber manche gereinigte Vögel sterben doch, wenn sie z. B. beim Putzen schon zu viel Öl aufgenommen haben oder zu lange unterkühlt waren.

Material: Federn, 1 Pipettenfläschchen mit Wasser (z. B. von Nasentropfen), Salatöl, 2 Becken, Wasser, Spülmittel, Tücher
Alter: ab 5 Jahren

Die Kinder bilden einen Kreis.
Jedes Kind erhält eine Feder.
Die Spielleitung setzt mit dem Pipettenfläschchen einen Tropfen Wasser auf eine der Federn. Dieser Tropfen Wasser wandert nun im Kreis herum, indem die Kinder ihn von einer Feder auf die andere abtropfen lassen. Diese Spielrunde zeigt, dass das Gefieder der Vögel normalerweise wasserdicht ist und Tropfen einfach abperlen.
Nun verreibt jedes Kind etwas Salatöl auf seiner Feder. Das ruiniert die Häkchen, die die feinen Strähnen der Feder aneinander halten. Die Feder ist jetzt deutlich schwerer; das Gefieder eines Seevogels wäre nicht mehr wasserdicht.
Das eine Becken mit Wasser und das andere mit Wasser und viel Spülmittel füllen.
Die Kinder teilen sich auf die Becken auf.
Die eine Gruppe versucht, ihre Federn mit Wasser zu reinigen, die andere benutzt zusätzlich Spülmittel.
Die nur mit Wasser gereinigten Federn bleiben schwer und verfilzt.
Die anderen sind sauberer und leichter.

Tipp
Ein einziger Tropfen Öl verschmutzt viele Liter Wasser. Deshalb den Ölfilm mit saugenden Tüchern von der Wasseroberfläche abnehmen und die ölverschmutzten Tücher hinterher in den Hausmüll werfen.
Wenn die Kinder diese Arbeit selber machen, lernen sie noch etwas über die Bekämpfung von Ölkatastrophen!

Schiff mit Düsenantrieb

Material: hoher, schmaler Milchkarton, Schere, Wasserfläche, Luftballon
Alter: ab 5 Jahren

Den Milchkarton längs in zwei Hälften teilen – das sind schon mal zwei Boote.
In den hinteren geraden Teil einen Schlitz von 1 cm Länge einschneiden und am Ende des Schlitzes ein Loch bohren.
Boot auf das Wasser setzen.
Den Luftballon aufpusten, die Öffnung zusammenhalten und durch den Spalt in das Loch drücken.
Loslassen – und los geht's!

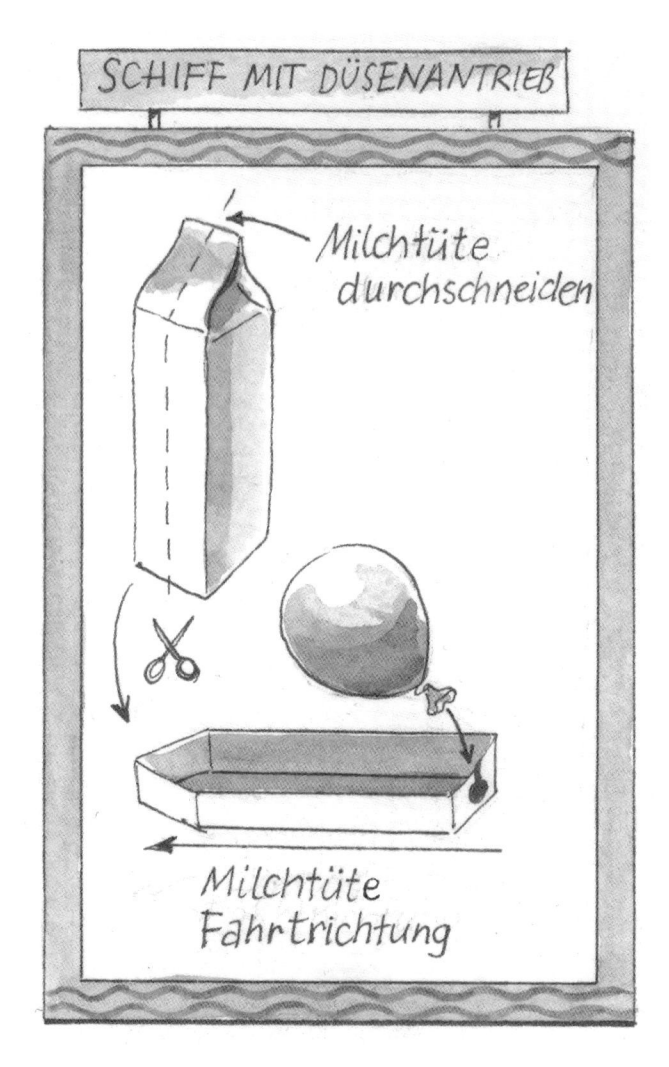

Urlaubssouvenirs

Echte Matrosen bringen aus jedem Hafen und jedem Land ein Souvenir mit für die Daheimgebliebenen!

Material: leere Streichholzschachteln, Papier, Schere, Postkarten, Farbe, Klebstoff, kleine Schätze aus dem Urlaubsland (z. B. Sand, Muscheln etc.)
Alter: ab 5 Jahren

Streichholzschachteln bemalen oder bekleben. Den inneren Karton gestalten, z. B. Ausschnitte von Postkarten auf die Rückwand kleben, Urlaubsmotive aufmalen oder Sand und Muscheln innen aufkleben – alles ist möglich! Den inneren Karton in die Schachtel zurückschieben – fertig ist ein hübsches Andenken an den Urlaub oder ein Souvenir für eine liebe Person zu Hause!

Steuermann und Steuerfrau

Material: Hindernisparcours aus beliebigen Gegenständen, z. B. Kleidungsstücken, mit Wasser gefüllten Plastik- oder Pappbechern, Schuhen ...
Alter: ab 5 Jahren (mit Variante ab 3 Jahren)

Die Spielleitung baut einen altersgerechten Hindernisparcours auf.
Je fünf Kinder bilden Fünfergruppen-Boote: Vier Kinder stellen sich als Rudermatrosen mit dem Rücken zum Parcours hintereinander auf und legen die Hände auf die Schultern des Vordermannes. Das vierte Kind legt seine Hände auf die Schultern des Steuermannes (oder der Steuerfrau), der mit dem Gesicht nach vorne zum Parcours schaut.
Auf ein Startsignal hin gibt der Steuermann den Takt mit „links, rechts, links, rechts" (oder bei jüngeren Kindern mit „eins, zwei, eins, zwei") vor.

Bevor das Boot das erste Hindernis erreicht, gibt der Steuermann Anweisungen, wie die Kinder ausweichen sollen.
Er manövriert so das Boot durch den ganzen Hindernisparcours.
Mehrere Ruderboote können gegeneinander antreten, aber es macht auch nur des Spaßes wegen mit einem Team Laune!

Variante für Kinder ab 3 Jahren
Jüngere Kinder können rechts und links nicht immer auseinander halten bzw. für die Rudermatrosen umdenken, für die die Richtungen ja vertauscht sind. In diesem Fall legt die Spielleitung vorher eine Seite als die „rote Seite" und die andere als die „blaue Seite" fest und legt zur Erinnerung gleichfarbige Kleidungsstücke an die jeweilige Seite.

Mann über Bord

Material: Holzringe (Ø mind. 8 cm), rote und weiße Farbe, Pinsel, Stock (max. 1 m lang); evtl. rote und weiße lange Pfeifenreiniger; evtl. schwarzer Filzstift
Alter: ab 4 Jahren

Die Holzringe als Rettungsringe mit roten und weißen Streifen bemalen und trocknen lassen. Den Stock in Sand oder Erde stecken.
In altersgerechter Entfernung davon eine Linie markieren.
Hier stellen sich die Kinder auf und werfen ihre Ringe über den Stock, als wollten sie einen Ertrinkenden retten.

Variante
Statt der bemalten Holzringe je einen roten und einen weißen Pfeifenreiniger verdrillen und zu einem Kreis schließen.

Tipp
Werden die Holzringe zusätzlich mit einem schwarzen Stift mit den Namen der Kinder bemalt, sind sie auch lustige Serviettenringe für einen schön gedeckten Tisch im Marine-Look.

Würziger Kindergrog

Wenn draußen ein Unwetter tobt, ist es Zeit für einen steifen Grog.

Material: Topf, Sieb, Kanne, Glas
Zutaten: für etwa 6 Gläser: 1 Flasche roter Traubensaft, 1 Flasche Apfelsaft, Saft von zwei Zitronen und einer Orange, 6 Nelken, 1 Stückchen Zimt, 1 Prise Muskatnuss, 1 Prise Zitronenschalenaroma oder die Schale einer halben Zitrone, 1/4 l Wasser, Honig nach Geschmack
Alter: ab 4 Jahren

Die Säfte, alle Gewürze und das Wasser in einem Topf aufkochen und 10 Minuten ziehen lassen. Durch ein Sieb in eine Kanne gießen und mit Honig süßen. Schmeckt ganz heiß am besten, aber Vorsicht: Nicht die Zunge verbrennen!

Selbst gemachte Kluntjes

Kluntjes passen statt Honig auch prima zum Grog.

Material: mehrere Schaschlikspieße, ebenso viele dicke Holzperlen mit einem Loch von der Dicke der Spieße, ungiftiger Klebstoff, kleiner Kochtopf, Herdplatte, hitzefestes Glas
Zutaten: 200 g Zucker, 125 ml Wasser
Alter: ab 4 Jahren
Dauer: mehrere Tage

An das Ende eines jeden Spießes eine Perle als Griff kleben.
Zucker und Wasser im Topf zum Kochen bringen und ohne Rühren etwa 1 Minute köcheln. Vorsichtig in das Glas gießen. Die Schaschlikspieße behutsam hineinstellen; sie sollten sich nicht berühren. Das Glas an einen ruhigen und erschütterungsfreien Ort stellen.
Nach einigen Tagen, wenn das Wasser verdunstet, bilden sich an den Spießen Zuckerkristalle. Wenn das Wasser ganz verdunstet ist, die Kluntjesstangen aus dem Glas herausbrechen. Mit den Zuckerstangen im heißen Getränk rühren und sie dadurch auflösen.

Das Ei des Kolumbus – ein Rätsel

Zu Ehren von Christoph Kolumbus' erster Reise nach Amerika gab ein Kardinal ein Festmahl. Während des Essens meinte der Kardinal, dass die Entdeckung der neuen Welt gar nicht so schwer gewesen sei. Kolumbus nahm daraufhin ein Ei und fragte, wer von den Gästen das Ei auf eine seiner Spitzen stellen könne. Niemand vermochte es, bis Kolumbus das Rätsel löste: Er schlug das Ei mit der Spitze auf den Tisch, es zerbrach und stand. Seitdem bedeutet „das Ei des Kolumbus" eine überraschend einfache Lösung für eine schwierige Aufgabe.

Material: 1 gekochtes Ei
Alter: ab 4 Jahren

Den Kindern die Geschichte von Kolumbus erzählen, das Rätsel stellen und sie probieren lassen. Vielleicht kommt eines von allein auf die Lösung?

Variante
Es geht auch so: Einige Körnchen Salz als Stützen auf die Tischplatte streuen. Mit ein bisschen Geduld und Fingerspitzengefühl das Ei auf der Spitze ausbalancieren.

Johoho, und 'ne Buddel voll Rum! – von Piraten und Freibeutern

Piraten! – kleine und große Kinder verbinden mit diesem magischen Wort tollkühne Draufgänger, tropische Schatzinseln, Dreimaster vor dem Wind, packende Schwert- und Degenkämpfe, tapfere Kapitäne und malerisch ausstaffierte Schiffsbesatzungen. (Kinofans älterer und jüngerer Generation denken natürlich auch an Errol Flynn, Burt Lancaster und Johnny Depp!) Wer wollte nicht einmal mit Rückenwind in ein Piratenabenteuer segeln?

Leider waren die echten Piraten nur selten solch heldenhafte Gestalten: Kapitän Hook aus „Peter Pan" und der fiese Long John Silver aus „Die Schatzinsel" von Robert Louis Stevenson passen eher ins Bild als der aufrechte „Sinbad" aus dem gleichnamigen Zeichentrickfilm oder die wagemutigen und im Grunde ehrlichen Hollywood-Piraten. Das Piratenleben war hart, gefährlich und ungesetzlich. Saufen, Huren und Gewalt waren an der Tagesordnung. Fast nie ging es um Edelmut oder Gerechtigkeit – vielmehr um Gewinnsucht, verkrachte Existenzen oder darum, einer anderen Nation im Auftrag der eigenen Regierung Schätze abzuknöpfen. Piraterie gedieh immer dort, wo es regen Handel über das Meer hinweg gab. Die antiken Phönizier, Griechen und Römer handelten nicht nur mit ihren Nachbarn über das Mittelmeer hinweg, sie beraubten sie auch sehr erfolgreich. Im Mittelalter trieben die Wikinger von Norden und die Mauren von Süden her ihr Unwesen. Später waren es vor allem Piraten im Dienst europäischer Länder, die über andere herfielen und die Mannschaften zwangen, als Piraten an Bord zu bleiben. Aus dieser Zeit stammen die Begriffe „Freibeuter", „Korsar" und „Bukanier", die oft gleichbedeutend für „Pirat" verwendet werden.

Freibeuter

Auch unter Freibeutern ging es nur um das Geschäft. Sie fuhren auf bewaffneten Schiffen, die zwar einer Privatperson gehörten, aber von einer kriegerischen Nation in Dienst genommen wurden, um die Handelsschiffe des Feindes anzugreifen. Bis ins 19. Jh. hinein hielten viele Länder Freibeuterschiffe. Die Mannschaften wurden nicht von der Regierung bezahlt, in deren Dienst das Schiff stand, sondern sie bekamen einen Anteil von der Beute, die sie machten. Daher überfielen die Freibeuter alle möglichen Schiffe, ohne auf ihren eigentlichen Auftrag zu achten, und die Grenze zur Piraterie verschwamm. Viele führten auch in Friedenszeiten das Freibeutertum fort. Erst als die konkurrierenden Länder mit dem Aufbau eigener Marinen begannen, waren Freibeuter nicht mehr nötig. 1856 wurde Freibeutertum für illegal erklärt.

Bukanier und Korsaren

Bukanier waren englische, französische oder niederländische Seeabenteurer, die auf eigene Faust vor allem spanische Schiffe angriffen. Das Wort „Bukanier" stammt vom französischen *boucan*, dem Grill, auf dem das Fleisch für lange Seereisen geräuchert und getrocknet wurde. Die Spanier nannten die Bukanier *corsarios*, Korsaren. Damals, in der zweiten Hälfte des 17. Jh.s, brachten die Spanier viele wertvolle Güter, z. B. Gold und Tabak, aus den Übersee-Kolonien ins Land zurück. Wer ein solches Schiff aufbrachte, machte reiche Beute. Bei den ersten Bukaniern handelte es sich um entflohene Diener oder Soldaten. Sie vereinbarten untereinander ein demokratisches System: Sie wählten ihren Kapitän, setzten Meuterer aus, verteilten gleichmäßige Anteile an der Beute und es bestand ein Versicherungsschutz für Verletzte. Ihre aufregenden Geschichten beeinflussten berühmte Schriftsteller wie Stevenson („Die Schatzinsel"), Daniel Defoe („Robinson Crusoe") und Jonathan Swift („Gullivers Reisen").

Piratinnen

In der langen Geschichte der Piraterie gab es auch einige berühmte Frauen. Mary Read (geboren 1690 in England) wurde schon von ihrer Mutter als Junge verkleidet und erzogen. Sie führte ein bewegtes Leben als Infanteriesoldat und Matrose auf einem Sklavenhändler, bis sie auf dem Schiff des berüchtigten Piraten „Calico Jack" Rackham anheuerte. An Bord seines Schiffes befand sich auch Rackhams Geliebte, Ann Bonny. Sie war ebenfalls als Mann verkleidet, da die Gesetze der Piraten keine Frauen an Bord zuließen. Mary und Ann vertrauten einander aber bald ihre Geheimnisse an. Auch Mary nahm sich einen Liebhaber an Bord.

1720 überrumpelte ein englisches Kriegsschiff Rackhams Schiff vor Jamaika. Die angeheiterte Mannschaft verkroch sich unter Deck, nur die beiden Frauen kämpften erbittert und schossen in ihrer Wut sogar auf Mannschaftskameraden. Vor Gericht wurden alle Piraten zum Tod durch den Strang verurteilt. Das Urteil der beiden Frauen wurde ausgesetzt, weil sie schwanger waren. Mary Read starb aber noch im Gefängnis an einem Fieber; Ann Bonny entkam dem Galgen – aus welchen Gründen ist nicht bekannt.

Die ruchloseste Piratin war wohl Cheng I Sao. Sie „erbte" 1805 von ihrem Mann den Befehl über eine 50.000 Mann und 1500 Schiffe starke Piratenflotte, die für ihre Grausamkeit berüchtigt war. Sie kaperten Handelsschiffe, plünderten Dörfer an den Küsten von China bis hinunter nach Malaysia, töteten oder versklavten die Einwohner und erpressten Schutzgeld. Die Strafen für Piraten, die sich nicht an die strengen Regeln der Flotte hielten, waren besonders grausam; jede Befehlsverweigerung etwa wurde mit Köpfen geahndet. Selbst die Marinen mehrerer Länder konnten dieser Piratenflotte nicht beikommen; deshalb gelang es Cheng I Sao, eine Generalamnestie für sich und ihre Leute zu vereinbaren. Sie eröffnete eine Spielhölle und starb mit 69 Jahren als reiche Frau.

Moderne Piraterie

Heutzutage ist Piraterie nach internationalem Recht klar definiert: jeder Raub, der aus rein eigennützigen Motiven und ohne öffentlichen Auftrag in den Teilen der Meere begangen wird, wo Länderrecht nicht greift. Diese Unterscheidung ist wichtig, denn sonst könnte Piraterie als ein kriegerischer Akt zwischen zwei Nationen missverstanden werden! Weil Piraterie sich willkürlich gegen alle Länder der Welt richtet, dürfen alle Schiffe im Dienst jeglicher Nationen Piratenschiffe aufbringen, die Piraten gefangen nehmen, verurteilen, die Strafe vollziehen und die Piratenschiffe samt Inhalt konfiszieren.

Brauchen wir aber heute noch eine solch klare Rechtslage? Gibt es denn überhaupt noch Piraten? Ja, es gibt sie. Vor allem im asiatischen Raum machen Piraten nach wie vor die Meere unsicher. Mit schnellen kleinen Booten und schwer bewaffnet entern sie Frachtschiffe, bedrohen die Mannschaft und nehmen die Ladung an sich. Auch Boote mit Urlaubern an Bord werden hin und wieder angehalten, die Touristen gefangen genommen und erst gegen Lösegeld wieder frei gelassen.

Lilo und die ängstlichen Piraten

Lilo und ihre Eltern machten Ferien am Meer. Lilo liebte das Meer – das Glitzern der Sonne auf den Wellen, den warmen Sand unter ihren Füßen und vor allem die Muschelschalen, von denen sie die schönsten sammelte und in einem Marmeladenglas aufhob. Das war ihr größter Schatz.

Abends durfte Lilo noch einmal hinuntergehen zum Strand, während ihre Eltern von der Terrasse des Ferienhäuschens aus dem Sonnenuntergang zuschauten. Lilo klemmte ihren besten Freund, den Löwen, unter den Arm und machte sich auf den Weg durch die Dünen. Als sie gerade die letzte Düne überqueren wollte, hörte sie plötzlich Stimmen.

„Das ist ein guter Platz, um unseren Schatz zu vergraben!", brummte die erste Stimme.

„Nein, nein, nein, die Stelle finden wir doch nie wieder!", jammerte die zweite Stimme.

„Vielleicht könnten wir einen Ast in die Erde stecken, damit wir den Schatz wieder finden? Nur so ein Vorschlag, nicht böse gemeint!", beschwichtigte die dritte Stimme.

Lilo legte sich flach hin und lugte über die Düne zum Strand hinunter. Da standen drei Gesellen, die recht wild aussahen, bis an die Zähne bewaffnet: ein dicker, ein dünner und ein kleiner Pirat. Sie hatten Schaufeln dabei und eine große Holzkiste mit eisernen Beschlägen stand zwischen ihnen. Ein Ruderboot war ein Stück den Strand heraufgezogen und in einiger Entfernung dümpelte ein kleines Schiff auf dem Meer.

„Komm, Löwe, wir müssen näher ran", flüsterte Lilo, aber Löwe blieb sitzen, wo er war. „Nun komm schon, sei nicht so eine Bangebux", schimpfte Lilo und zog Löwe hinter sich her. Sie schob sich platt auf dem Bauch noch ein Stück weiter über den Dünenrand. Plötzlich gab der Sand unter ihr nach und Lilo und Löwe purzelten den Abhang hinunter.

„Löwe!", schrie Lilo.

„Löwe?", brummte der Dicke erschrocken.

„Löwe!", jammerte der Dünne entsetzt.

„Löwe? Vielleicht sollten wir weglaufen? Nur so ein Vorschlag, nicht böse gemeint!", beschwichtigte der Kleine.

Lilo stand auf, klopfte sich den Sand ab und zog Löwe aus dem Sandhaufen, aus dem nur sein Schwanz noch herausragte. Dabei ließ sie die Piraten nicht aus den Augen. Die drei hatten sich entsetzt aneinandergeklammert und vor Angst die Augen geschlossen.

„Bitte tu uns nichts!", brummte der Dicke.

„Du tust uns doch nichts?", jammerte der Dünne.

„Wenn du uns nichts tust, tun wir dir auch nichts. Nur so ein Vorschlag, nicht böse gemeint!", beschwichtigte der Kleine.

Lilo stemmte die Arme in die Seiten. „Was ist denn mit euch los? Seht ihr denn nicht, dass ich nur ein kleines Mädchen bin? Und Löwe tut euch nichts, der ist ganz lieb", sagte sie und hielt den Piraten Löwe entgegen, damit sie es selber sehen konnten. Vorsichtig blinzelten die Piraten Lilo und Löwe an und ließen einander schnell los.

„Ich bin Lilo", sagte Lilo, „und wer seid ihr?"
„Wir sind Piraten", brummte der Dicke.
„Was macht ihr da?", fragte Lilo und zeigte auf die Truhe und die Schaufeln.
„Wir wollten unseren Schatz vergraben, aber wir wissen nicht, wo", jammerte der Dünne.
„Oh, darf ich mal sehen?", staunte Lilo.
„Wir lassen dich gucken und du nimmst uns dafür nichts weg? Nur so ein Vorschlag, nicht böse gemeint!", beschwichtigte der Kleine.
„Jaja", nickte Lilo und beugte sich neugierig über die Kiste, die der Dicke für sie öffnete. Darin lagen zwei leere Flaschen und das Silberpapier von einer Tafel Schokolade.
„Das soll euer Schatz sein? Das ist doch nur Müll!", rief Lilo erstaunt.
Die drei Piraten sahen sich betreten an. Dem Dünnen standen Tränen in den Augen.
„Wir sind nicht sehr mutig", brummte der Dicke.
„Wir trauen uns nie, etwas zu rauben!", jammerte der Dünne.
„Wenn wir nur einmal richtige Piraten sein könnten!", brummte der Dicke.
„Dann würden wir uns auch ehrliche Arbeit suchen!", jammerte der Dünne.
„Könntest du uns nicht helfen? Nur so ein Vorschlag, nicht böse gemeint!", beschwichtigte der Kleine.
Lilo überlegte einen Moment. Plötzlich lächelte sie listig. „Ich euch helfen! Niemals!", sagte sie. „Womöglich würdet ihr mir meinen Muschelschatz rauben, wenn ich morgen am Strand damit spiele. Oh nein, mit mir nicht!" Und sie lief mit Löwe schnell davon.
Am nächsten Tag dümpelte Lilo in ihrem Gummiboot auf dem Meer. Sie hatte Löwe bei sich und ihr Glas mit den Muschelschalen. Plötzlich tauchte am Horizont ein Schiff auf und hielt genau auf Lilo zu. Drei wilde Gestalten standen drohend an der Reling; ein kleiner Pirat hielt mit einem Enterhaken das Gummiboot fest, ein dünner Pirat warf Löwe einen Sack über den Kopf, so dass er nichts mehr sehen konnte, ein dicker Pirat riss das Glas an sich und brüllte triumphierend: „Wir haben den Schatz!" Und genauso schnell, wie sie gekommen waren, waren sie auch schon wieder verschwunden.
„Na, das hat doch prima geklappt", freute sich Lilo, während sie Löwe aus dem Sack befreite.
„Du hast halt immer die besten Ideen. Nur schade um deine Muscheln", meinte Löwe und kuschelte sich an sie.
Die drei Piraten haben nach diesem Tag das Rauben wirklich an den Nagel gehängt.
Der Dicke züchtet Kanarienvögel. Der Dünne entwirft Muster für Regenschirme.
Der Kleine ist Bürgermeister in einer Stadt am Meer.

PiratInnenkleidung

In jedem Kleiderschrank und in jeder gut sortierten Urlaubsgarderobe findet sich bestimmt die nötige Kleidung für dieses Verwandlungsstück. Allerdings werden die kleinen Piraten sicherlich besser riechen als die Originale: Piraten hielten gar nichts vom Waschen und stanken oftmals drei Meilen gegen den Wind!

Material: bunte Tücher, uni Radlerhosen eines Erwachsenen bzw. lange, weite Hose, alte Herrenhemden, Tuch oder Schal als Gürtel, rotes Tuch, grobe Sandalen oder feste Schuhe; evtl. Schminkstifte
Alter: ab 3 Jahren

Die Kinder verkleiden sich als PiratInnen:
Sie ziehen ein Hemd an, schlüpfen in die weite Radlerhose oder aufgekrempelte Erwachsenenhose und halten sie mit einem Tuch oder dünnen Schal als Gürtel zusammen.
Das rote Tuch wird hinten geknotet um den Kopf gebunden.
Dazu passen grobe Sandalen oder feste Schuhe ohne Socken.
Wilde Piraten schminken sich Bartstoppeln oder Narben ins Gesicht.

Piratenkapitän

Piratenkapitäne führten oftmals nicht nur ein Schiff, sondern mehrere, mit Besatzungen, die in die Hunderte gehen konnten. Sie hatten aber nicht die absolute Befehlsgewalt, sondern es gab Absprachen und Verträge mit Geldgebern im Hintergrund und mit den Piraten-Besatzungen. An diese Absprachen musste sich auch ein Kapitän halten!

Material: einfarbige Leggings oder Strumpfhose, Rüschenbluse oder -hemd, alter Blazer (bzw. Gehrock, Jackett ...) eines Erwachsenen, schwarze Pappe, Bleistift, Schere, Tacker, weiße Farbe (z. B. Deckweiß), Pinsel, Feder, Kopiervorlage
Alter: ab 3 Jahren

Mit Leggings und Hemd verkleiden.
Die Ärmel der Jacke umkrempeln, so dass sie wie Stulpen aussehen, und anziehen.
Für den Hut die Form (s. Abb.) in passender Größe auf der Pappe 2 x nachzeichnen und ausschneiden.
An den Rändern zusammentackern.
Mit Pinsel und weißer Farbe einen Totenkopf oder gekreuzte Knochen aufmalen.
Eine große geschwungene Feder von hinten festtackern und Hut aufsetzen – fertig ist der Piratenkapitän!

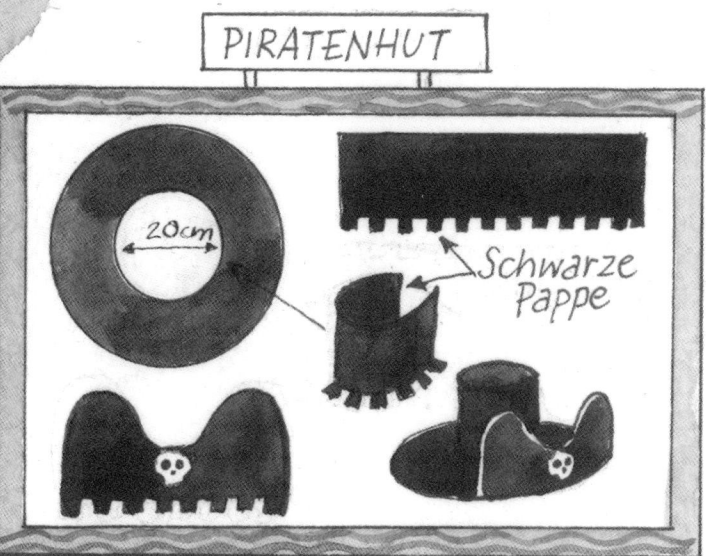

Störtebeker

Klaus Störtebeker war der wohl berühmteste deutsche Freibeuter und Pirat. Er lebte im 14. Jh. Störtebeker wurde nebst vielen anderen angeheuert, um dänische Schiffe während des Krieges aufzugreifen, die Blockaden um deutsche Städte herum aufzubrechen und die Bevölkerung mit den gestohlenen Gütern zu versorgen. Bald aber vergriff sich Störtebeker nicht nur an dänischen Schiffen, sondern auch an englischen, holländischen und russischen und sogar an den Schiffen der deutschen Hanse. Die Piraten waren so erfolgreich, dass Dänemark und die Hanse Frieden schlossen und stattdessen Jagd auf Störtebeker und Kumpane machten. 1401 wurde Störtebeker von einem Fischer verraten und mit seiner Mannschaft nach Hamburg gebracht. Er bot den Richtern eine goldene Kette an, die um ganz Hamburg herumreichen sollte, um für sich und seine Männer die Freiheit zu erkaufen. Die Richter lehnten ab. Angeblich schloss Störtebeker dafür einen anderen Handel: Alle Männer, an denen er bereits geköpft noch vorbei laufen könne, sollten freigelassen werden. Der Legende nach rettete er so das Leben von elf Piraten, bevor ein gehässiger Henker ihm ein Bein stellte. Der Schatz von Störtebeker wurde nie gefunden.

Piratenknobelei

Während der langen Seefahrten war das Leben an Bord oft eintönig. Würfel- und Knobelspiele boten ein wenig Abwechslung. Vielleicht war auch dieses Spiel dabei ...

Material: 3 kleine Steinchen, Münzen, Streichhölzer oder Muschelschalen pro Spieler
Alter: ab 5 Jahren (mit Varianten für ältere und jüngere Kinder)
Anzahl: bis 5 Kinder

Bis zu fünf Kinder setzen sich in einen Kreis auf den Boden oder an einen Tisch.
Hinter dem Rücken versteckt jedes Kind kein, ein, zwei oder drei Steinchen in der rechten Faust und legt diese vor sich auf den Boden oder den Tisch.
Ein Kind beginnt und behauptet: „Zusammen halten wir (nennt eine Zahl zwischen 0 und maximal 15) Steine in der Hand."
Das gibt dem nächsten Spieler einen Hinweis darauf, wie viele Steine der Sprecher in der Hand hält: Hat er eine kleine Zahl genannt, hat er selbst vermutlich nur einen oder gar keinen Stein in der Hand; hat er eine hohe Zahl genannt, hält er viele Steine versteckt.
Der zweite Spieler behauptet darauf: „Ich glaube, es sind ... Steine."
So geht es reihum, bis jeder Spieler seinen Tipp abgegeben hat.
Daraufhin öffnen alle Spieler ihre Faust und die Steine werden gezählt.
Wer die richtige Zahl geraten hat, bekommt einen Punkt.

Varianten

Ältere Kinder spielen mit bis zu fünf Steinen, jüngere mit nur einem oder zwei Steinen.

Augenklappe

Die Piraterie war ein gefährliches Geschäft – bei den Überfällen kam es häufig zu Kämpfen zwischen Piraten und Matrosen, die zu großen und kleinen Wunden führen konnten. Piraten, die ihrem Kapitän im Kampf gehorchten, konnten allerdings hinterher eine Geldentschädigung für ihre Verletzungen verlangen: Der Verlust eines Fingers z. B. wurde mit 100 Silberstücken entschädigt.

Material: schwarze Pappe, Bleistift, spitze Schere, zwei Verstärkungsringe, schwarzes Gummiband; evtl. schwarzer Schminkstift
Alter: ab 4 Jahren

Auf die Pappe ein abgerundetes Dreieck – etwas größer als eine Augenpartie – malen und ausschneiden.
An beiden Seiten mit der Scherenspitze Löcher bohren und diese mit den Kleberingen auf der Rückseite verstärken.
Gummiband in passender Länge festknoten – fertig!

Variante
Die Augenklappe und das Band mit einem schwarzen Schminkstift um das Auge herum malen.

Hakenhand

Oftmals verloren Piraten im Kampf ganze Gliedmaße (für die sie mit noch höheren Summen entschädigt wurden, s. „Augenklappe"). Einen Schiffsarzt gab es fast nie und dann war es Aufgabe des Schiffszimmermannes, mit seinem Werkzeug die verletzten Gliedmaße abzutrennen.

Material: Buttermilch-Becher, spitze Schere oder Ahle, graue, schwarze oder braune Farbe, Pinsel, 2–3 lange, graue Pfeifenreiniger
Alter: ab 5 Jahren

In den Boden des Bechers mit der Scherenspitze oder einer Ahle ein Loch bohren.
Becher von außen anmalen und trocknen lassen.
Pfeifenreiniger miteinander verdrillen, an einem Ende einen Knoten machen und so durch das Loch stecken, dass der Knoten im Inneren des Bechers verschwindet.
Einen zweiten Knoten in die aus dem Becher ragenden Pfeifenreiniger in etwa 2 cm Abstand zum Becherboden machen. So bekommt man Spiel, um mit der Hand im Inneren des Bechers mit den Fingern den ersten Knoten zu greifen und damit den Haken zu halten und zu führen (s. Abb.).
Pfeifenreiniger in Hakenform biegen.

Achtung!
Nur Piraten, die bei der neunschwänzigen Katze schwören, einander beim Kampf nie im Gesicht zu kratzen, bekommen eine Hakenhand!

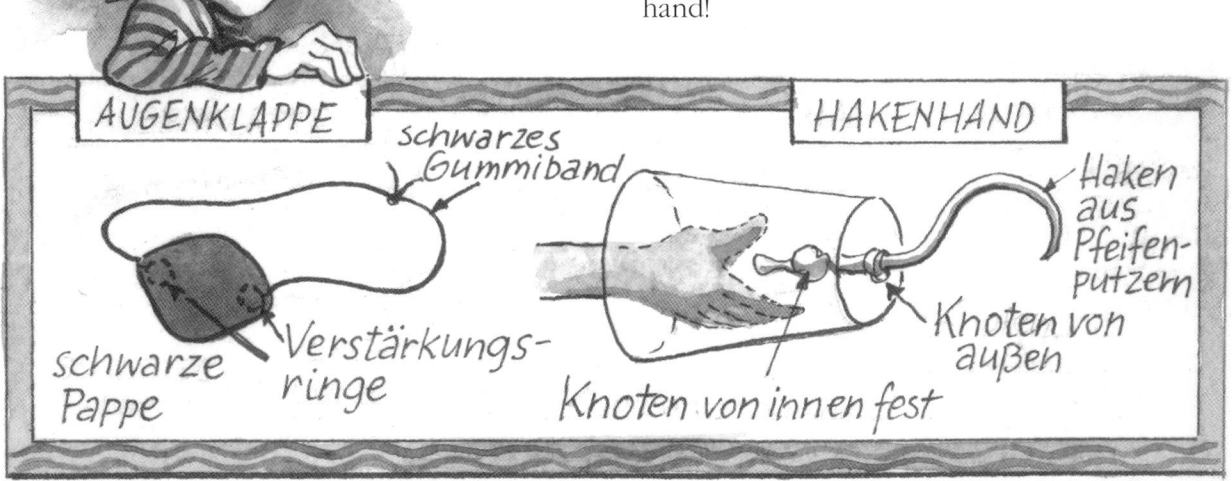

Holzbeinrennen

Holzbeine sind knapp – zwei Piraten müssen sich eines teilen.

Material: Seile, Straßenkreide
Alter: ab 4 Jahren

Jeweils zwei Kinder stellen sich nebeneinander und binden die beiden mittleren Beine mit den Seilen zusammen.
Die Spielleitung zeichnet zwei (oder je nach Anzahl der Teams mehrere) Schlängellinien mit Kreide auf den Boden (oder direkt in den Sand) – diesem Kurs müssen die Piraten bei ihrem Wettrennen folgen.
Eins, zwei, los!

Piratenflagge

Heute kennen Kinder v. a. die schwarze Totenkopf-Flagge als Piratenflagge. Aber eigentlich hatte jeder Piratenkapitän seine eigene Fahne. Meist waren die Flaggen blutrot oder schwarz wie der Tod; sie zeigten v. a. Totenschädel, gekreuzte Knochen oder Skelette, den Teufel, Herzen oder Schwerter.

Material: schwarzer Stoff, Schere, weiße und rote Stofffarbe, Pinsel, Rundholz, Klebeband; evtl. Tonpapier, weiße und rote Farbe
Alter: ab 5 Jahren

Aus dem Stoff ein Rechteck in gewünschter Größe ausschneiden.
Auf die Fahne ein Piratenmotiv aufmalen.
Getrocknete Flagge mit Klebeband an dem Rundholz befestigen.

Variante
Statt aus Stoff die Fahne aus Papier herstellen.

Piratenmesser

Piraten waren schon von Berufs wegen immer gut bewaffnet. Alle besaßen ein Messer und später auch eine oder mehrere Pistolen. Am berüchtigtsten war der Entersäbel, ein kurzschneidiges Schwert mit scharfer Klinge.

Material: feste Pappe, Bleistift, Schere, kurzes, dickes Aststück, Schnur; evtl. 1 schmales, flaches Brett bzw. Stück Treibholz
Alter: ab 5 Jahren

Auf die Pappe die Form eines Messers malen und ausschneiden.
Ast quer auf die Pappe legen und kreuzweise mit der Schnur umwickeln (s. Abb.).
Die Schnur fest verknoten.

Variante
Das Messer aus einem schmalen, flachen Brett oder einem passenden Stück Treibholz arbeiten.

Piratengefecht

Material: je Kind 2 Esslöffel, 1 Kartoffel (Stein, Muschelschale oder Wasserbombe); evtl. Piratenmesser (s. S. 98)
Alter: ab 5 Jahren

In die „bessere" Hand (rechts bei Rechtshändern, links bei Linkshändern) bekommt jedes Kind einen Esslöffel mit einer Kartoffel (oder Stein, Muschelschale oder Wasserbombe) darauf, in die andere Hand einen leeren Löffel.
Ein Pirat beginnt und fordert einen anderen zum Zweikampf heraus.
Mit seinem leeren Löffel versucht jeder Pirat, dem Gegner die Kartoffel herunterzuschlagen. Wer gewinnt sucht sich einen neuen Gegner.

Variante

Der eine Löffel kann durch das selbst gebastelte Piratenmesser ersetzt werden.

Enterhaken-Spiel

Enterhaken benutzten die Piraten, um ein Schiff längsseits am Piratenschiff so nah zu halten, dass sie über die Bordwände springen und das Beuteschiff entern, d. h. besteigen und gewaltsam in Besitz nehmen konnten.

Material: 2 kurze Schnüre oder Tücher bzw. Straßenkreide für Steinböden; evtl. Luftmatratzen oder Schwimmmatten
Alter: ab 4 Jahren
Ort: Sandkasten, Strand oder Straße; evtl. Schwimmbad

Zwei spitze Ovale als Umrisse der Schiffe mit den langen Seiten aneinander in den Sand oder auf den Boden malen (s. Abb.).
Je ein Kind stellt sich in sein Schiff und bindet sich das Tuch oder Seil um das Handgelenk der bevorzugten Hand.
Das andere Ende des Tuches oder Seiles hält es mit der anderen Hand fest.
Auf das Startkommando hin versucht jedes Kind mit der freien Hand das Seil des anderen Kindes zu greifen und dieses daran auf das eigene Schiff zu ziehen.

PIRATENMESSER

Pappe

Ast

Wer sein Seilende loslässt, bevor der Sieger feststeht, hat diese Runde verloren und gibt ein Pfand ab, z. B. eine Muschelschale oder eine Socke.
Nach mehreren Runden wird gewertet: Wer war der erfolgreichere Pirat?

Schwimmbad-Variante für Schwimmer

Diese Variante kann mit einer Gruppe oder zu zweit gespielt werden.
Je ein Kind klettert im Wasser auf eine Luftmatratze oder Schwimmmatte.
Jedes Kind versucht, einen anderen Kapitän und sein Boot anzusteuern und vom eigenen Boot aus auf das fremde zu klettern, ohne dabei ins Wasser zu plumpsen.
Wer zuletzt übrig bleibt, darf sich einen selbst gewählten Piratennamen geben.

Schatzbeutel

Für Piraten lohnte sich fast jede Beute: Gold, Silber und Juwelen ließen sich gut verkaufen, ebenso eine Schiffsladung voll Tabak oder Zucker. Waffen brauchten die Piraten ständig selber. Auch die Schiffe selbst übernahmen sie, wenn sie nicht zu schwer beschädigt waren, und zwangen oftmals die Besatzung anzuheuern.

Nur den wenigsten Piraten gelang es, sich nach erfolgreichen Beutezügen aufs Altenteil zu setzen und den Reichtum zu genießen. In den meisten Fällen erreichte sie vorher der lange Arm des Gesetzes ...

Material: 1 rundes Stück Leder, Lochzange, Schnürsenkel oder Lederriemen, Schätze aller Art (Perlen, Muschelschalen, Kieselsteine, Glückspfennige oder Süßigkeitentaler ...)
Alter: ab 3 Jahren

Rund um den Rand des Lederstückes mit der Lochzange Löcher in das Leder kneifen. Schnürsenkel oder Lederriemen durch die Löcher fädeln und Schnur zusammenziehen.
Lederbeutel mit den eigenen, ganz besonderen Schätzen füllen ...

Wem gehört der Schatz?

Material: je Kind 1 Schatzbeutel mit eigenen Schätzen (s. o.); evtl. Tuch oder Tisch
Alter: ab 5 Jahren (mit Variante ab 3 Jahren)

Die Kinder legen ihre Schatzbeutel auf den Boden zusammen, bilden einen Sitzkreis drum herum und schließen die Augen.
Die Spielleitung gibt langsam einen Schatzbeutel nach dem anderen im Kreis herum.
Die Kinder betasten mit geschlossenen Augen den Beutel und erfühlen den Inhalt.
Wer glaubt, seinen eigenen Schatzbeutel ertastet zu haben, behält ihn und darf die Augen öffnen.
Hat jeder Pirat den richtigen Schatz gewählt?

Variante für Kinder ab 3 Jahren

Die Spielleitung sammelt die Schatzbeutel ein.
Unter dem Tisch oder einem Tuch verborgen öffnet sie einen Beutel und beschreibt (altersgemäß) seinen Inhalt.
Wer glaubt, seinen eigenen Beutel zu erkennen, meldet sich.
Gemeinsam prüft die Gruppe, ob der Beutel tatsächlich diesem kleinen Piraten oder vielleicht doch einem anderen Kind gehört.

Fernrohr

Zu einer zünftigen Piratenverkleidung gehört natürlich auch ein Fernrohr zum Auseinanderschieben. „Insel backbord voraus!"

Material: 2 ineinander passende, stabile Papprohren (z. B. von Toiletten- oder Haushaltspapier, Folien, Smarties, ...), Farbe in Schwarz, Gold oder Silber, Pinsel, scharfes Messer oder Schere, Musterklammer
Alter: ab 5 Jahren

Die Papprohren schwarz, gold oder silber bemalen und trocknen lassen.
Die größere Röhre längs einritzen, dabei etwa 2 cm vor den Enden aufhören.
Den Ritz mit dem Messer oder einer Schere etwas verbreitern.
In die schmalere Röhre an einem Ende ein Loch pieksen und in die dickere Röhre einschieben.
Durch den Ritz eine Musterklammer in das Loch stecken und im Inneren der schmaleren Röhre auseinander biegen.
Die Musterklammer verhindert, dass die dünne Röhre aus der dicken heraus rutscht.

Schatzkarten

Material: Papier, Teebeutel mit schwarzem Tee, 1 Tasse mit heißem Wasser, Stifte
Alter: ab 5 Jahren

Den Teebeutel kurz in das heiße Wasser hängen und dann am Faden über das weiße Papier ziehen, damit es sich schön antik verfärbt.
Sobald das Papier getrocknet ist, die Ränder leicht einreißen und eine Schatzkarte (s. S. 102) aufmalen: z. B. eine Insel mit Buchten, Bergen und Palmen und einem dicken Kreuz an der Stelle, an der der Schatz verborgen liegt.

Variante

Eine Schatzkarte vom Ferienort oder dem Gelände des Kindergartens bzw. der Schule malen. Wege darauf markieren und den oder die Piraten auf Schatzsuche schicken.
Schön ist, wenn sich am markierten Ziel tatsächlich ein „Schatz" findet, z. B. eine Eisdiele oder eine kleine Süßigkeit!

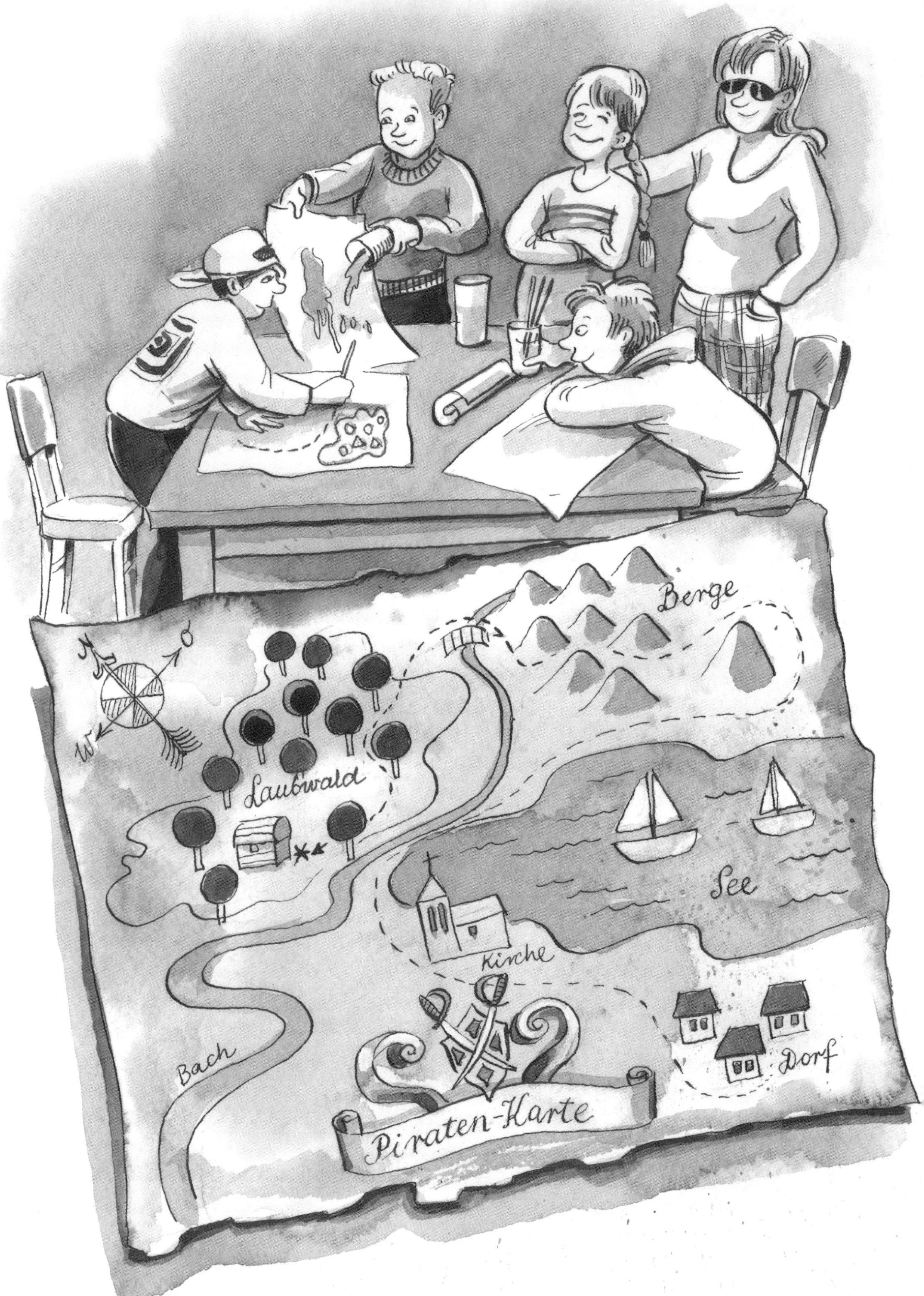
Berge
Laubwald
See
Kirche
Bach
Dorf
Piraten-Karte

Schatztruhe

Material: Schuhkarton ohne Deckel, Teller (so breit wie der Schuhkarton an seiner schmalen Seite), Pappe, Stift, Schere, Klebstoff, stabiles Klebeband, Zeitung, Kleister, Glasperlen, goldene Farbe, Pinsel
Alter: ab 5 Jahren

Teller auf die Pappe legen, mit dem Stift umfahren und ausschneiden.
Den Pappkreis in der Mitte durchschneiden – das ergibt die Seitenwände des Truhendeckels. Ein weiteres Pappstück ausschneiden: Es sollte so breit sein wie der Schuhkarton an seiner langen Seite plus einer Randzugabe von 2 cm auf jeder Seite und so lang wie die Wölbung einer der Halbkreise.
An den Rändern die Randzugabe mehrmals einschneiden und umbiegen und die Halbkreise links und rechts daran festkleben.
Damit ist der Deckel der Schatztruhe fertig.
Den Deckel mit dem Klebeband am Schuhkarton einseitig befestigen, so dass er sich auf- und zuklappen lässt.
Karton und Deckel mit mehreren Lagen Zeitungspapier einkleistern; dabei nicht über den Kippmechanismus kleistern und darauf achten, dass die Truhe sich immer gut öffnen und schließen lässt.
Gleichzeitig Glasperlen als Schmuck in die Truhe einarbeiten.
Trocknen lassen und golden bemalen.
Sehr edel und eines Piratenkapitäns würdig!

Schiffbruch

Material: Plastikschüssel oder -wanne (je jünger die Kinder, desto kleiner); evtl. Plansch- oder Kinderbecken
Alter: wasserfeste Piraten ab 3 Jahren
Ort: Schwimmbad oder Meer

Ein Kind – der Kapitän – hält die leere Schüssel als Schiff auf dem Wasser treibend vor sich, die anderen Kinder bilden einen Kreis darum.
Nun versuchen die Kinder im Kreis, das Schiff zu versenken, indem sie Wasser hineinspritzen. Der Kapitän schiebt sein Schiff auf dem Wasser hin und her, um den Wassermassen zu entkommen.
Sobald das Boot voll gelaufen und untergegangen ist, ist ein anderer Kapitän an der Reihe.

Variante

Ist der Weg zum Meer zu weit, geht's auch im Garten mit Hilfe eines Planschbeckens. Der Kapitän kniet sich in die Mitte des Planschbeckens und die anderen Kinder sind außerhalb des Beckens. Mit den Händen spritzen sie Wasser aus dem Planschbecken über den Kapitän.

103

Auf eine einsame Insel nehme ich mit ...

Gefangene oder aufmüpfige Piraten wurden oftmals auf Inseln ausgesetzt und mussten zusehen, wie sie dort zurechtkamen.

Material: keines; evtl. großer Korb, beliebige Gegenstände; evtl. nützliche Dinge (z. B. 1 Messer, 1 Wassergefäß, Streichhölzer, Proviant)
Alter: ab 4 Jahren (mit Variante für ältere Kinder)

Die Kinder sitzen im Kreis.
Ein Kind beginnt und sagt: „Auf eine einsame Insel nehme ich ... (nennt einen Gegenstand) mit."
Das folgende Kind beginnt mit dem gleichen Satz und wiederholt den Gegenstand seines Vorgängers, bevor es einen eigenen Gegenstand nennt.
So wird die Liste aller Gegenstände mit jedem Kind länger!
Die Liste endet, wenn ein Kind nicht mehr alle Gegenstände nennen kann. Aber natürlich dürfen die anderen Kinder auch weiterhelfen, um gemeinsam eine neue Rekordliste zu erstellen!

Variante
Die Kinder stellen einen großen Korb in die Mitte des Raumes oder des Geländes.
Jedes Kind sucht heimlich einen Lieblingsgegenstand aus dem Raum oder vom Gelände, legt es möglichst unbemerkt in den Korb und setzt sich in den Sitzkreis, der sich um den Korb bildet.
Sobald alle Kinder im Kreis sitzen, raten sie gemeinsam, wer sich von welchem Gegenstand auch auf einer einsamen Insel auf keinen Fall trennen will ...

Variante für ältere Kinder
Ältere Kinder bekommen den Auftrag, wirklich nützliche Dinge zusammenzutragen (z. B. ein Messer, ein Wassergefäß, Streichhölzer, Proviant).

Sie dürfen abschließend erklären, warum sie sich für ihren bestimmten Gegenstand entschieden haben.

Schwimmende Insel

Material: große Styroporklötze, lösungsmittelfreier und wasserfester Kleber, Naturmaterial aller Art (z. B. Äste, Farnwedel, Sand), Kinder- oder Planschbecken
Alter: ab 3 Jahren

Styropor zu einer Insel mit Bergen und Buchten zusammenkleben.
Mit Ästen, Farnwedeln, kleinen Hütten aus Zweigen, Sand und vielem mehr dekorieren und zu Wasser lassen.

Tipp
Wer die Insel auf einem See oder dem Meer schwimmen lässt, sollte sie nach dem Spiel wieder mit an Land nehmen und dort ordentlich entsorgen!

Robinsons Insel

Hier kann jedes Kind die Geschichte von Robinson Crusoe auf einer einsamen Insel mit dem eigenen Körper nacherleben.

Alter: ab 4 Jahren
Ort: freier Raum

Je zwei Kinder finden sich zusammen.
Das eine Kind schließt, wenn es mag, die Augen, das andere Kind führt (s. S. 82, „Sanduhrrennen").
Die Spielleitung sagt während der Geschichte die Bewegungen dazu an.
Nach mehreren Wiederholungen gestalten die Kinder die Geschichte selbst.

„Wir sitzen in einem kleinen Ruderboot und treiben auf dem Meer.
(Kinder sitzen auf dem Boden, s. Abb. 1)
Das Boot schaukelt auf den Wellen.
(hin und her wiegen)
Die Wellen bringen uns an den Strand einer Insel.
Wir klettern aus dem Boot und waten durch das Wasser an Land.
(aufstehen und mit hoch gezogenen Knien stapfen)
Die Sonne scheint und der Sand ist heiß.
Wir hüpfen über den Sand, damit unsere Füße nicht brennen.
(hüpfen, s. Abb. 2)
Hinter dem Strand beginnt ein Urwald.
Überall ist dichtes Gestrüpp.
(gebückt gehen)
Zweige mit großen Blättern versperren uns den Weg.
(mit dem freien Arm die Zweige beiseite schieben)
Es geht einen Berg hinauf.
Der Weg ist mühsam.
(langsam und gebeugt gehen, dabei schnaufen)
Wir haben die Bergspitze erreicht.
Nach dem dunklen Wald ist es plötzlich sehr hell.
(Augen mit der Hand beschatten)
In einer Bucht liegt ein Schiff vor Anker.
Wir springen und rufen, damit uns die anderen sehen.
(springen und rufen)
Wir laufen den Berg hinunter, bis wir beim Schiff sind.
Es bringt uns nach Hause."
(laufen)

Variante

Falls Robinson länger auf der Insel bleiben muss, kann die Geschichte um seinen Tagesablauf beliebig erweitert werden: Bäume fällen, Hütten zimmern, Früchte pflücken, wilde Schweine jagen (oder vor ihnen davonlaufen), schlafen gehen und aufstehen, im Meer schwimmen …

InselkönigIn

Bei diesem Spiel kommt es nicht nur auf Schnelligkeit, sondern auch auf einen guten Gleichgewichtssinn an.

Material: Zeitungen, Kassettenrekorder und Musikkassette mit karibischen Rhythmen oder CD-Player mit Musik-CD; evtl. Bambusstab
Alter: ab 3 Jahren

Zeitungsblätter als Inseln auf dem Boden verteilen.
Die Spielleitung stellt die Musik an.
Die Kinder tanzen zur Musik um die Inseln herum.
Sobald die Musik aufhört, sucht jedes Kind eine Insel; dabei dürfen ruhig mehrere Kinder auf einer Insel stehen.
Aber Vorsicht: Wer mit irgendeinem Körperteil den Boden, d. h. das Meer, berührt, scheidet aus!
Bevor die Musik erneut einsetzt, entfernt die Spielleitung jedes Mal eine Insel, so dass sich immer mehr Insulaner auf immer weniger Inseln quetschen müssen.
Natürlich sollten sich Insulaner gegenseitig helfen, nicht ins Meer zu fallen!
Das letzte Zeitungsblatt halbieren, bis nur noch der Inselkönig oder die Inselkönigin darauf Platz finden.

Limbo-Tanz-Variante

Wenn eh schon Musik zur Verfügung steht, gehört der Limbo-Tanz zu einem rauschenden Pirateninselfest einfach dazu: Zwei BetreuerInnen halten einen Bambusstab zwischen sich in die Höhe und die Insulaner tanzen darunter hinweg, indem sie den Rücken nach hinten biegen. Nach jedem Durchgang Stange absenken. Wer wird diesmal InselkönigIn?

Inselspieße mit Dip

Der krönende Abschluss eines Inselfestes!

Material: Schüssel, Rührlöffel, Schaschlikspieße, Messer
Zutaten: 250 g Doppelrahmfrischkäse, 150 g Naturjoghurt, 100 g fein gewürfelter Schinken, 8 EL klein gewürfelte Ananas ohne Saft, Salz und Pfeffer, rohes Gemüse (z. B. Kirschtomaten, Gurken, Paprika)
Alter: ab 4 Jahren

Den Doppelrahmfrischkäse in einer Schüssel glatt rühren.
Nach und nach Joghurt, Schinken und Ananas hinzugeben und alles vermischen.
Dip mit Salz und Pfeffer abschmecken.
Das Gemüse waschen und putzen, in kleine Stücke schneiden und auf die Schaschlikstäbe spießen.
Inselspieße dippen und Stück für Stück abknabbern.

Papagei

Papageien mit ihrem bunten Gefieder bevölkern viele tropische Inseln. Außerdem gehört auch auf ein Piratenschiff immer ein solcher schräger Vogel – das weiß doch jeder!

Material: weißes Papier, Fingerfarben, Pinseln, Schere, grüner Tonkarton, Klebstoff, schwarzer Stift
Alter: ab 4 Jahren

Fingerfarbe auf die Handfläche pinseln – das kitzelt so schön! – und den Handabdruck auf das weiße Papier stempeln.
Ganz oft und in verschiedenen Farben wiederholen.
Trocknen lassen.
Handabdrücke grob ausschneiden und zu einem Papageien anordnen (s. Abb.).
In dieser Anordnung auf den grünen Tonkarton kleben.
Auge und Schnabel mit dem schwarzen Stift einzeichnen.

Tipp
Nicht nur Papageien, sondern auch Fische, Palmen und vieles mehr lassen sich mit dieser Technik zaubern!

Ara, krächz' einmal!

Das Spiel „Hänschen, piep' einmal" kennt sicher jedes Kind. Hier gibt es eine Variante dazu.

Material: Stuhlkreis, evtl. Augenbinde
Alter: ab 3 Jahren

Die Kinder setzen sich in den Stuhlkreis.
Ein Kind schließt die Augen oder erhält eine Augenbinde.
Die anderen Kinder tauschen leise die Plätze.
Das „blinde" Kind setzt sich auf den Schoß eines anderen Kindes und bittet: „Ara, krächz' einmal!"
Das Kind unter ihm krächzt daraufhin möglichst schräg.
Rät das „blinde" Kind den Namen dessen, der da gekrächzt hat, tauschen die beiden die Rollen.

Flaschenpost

Material: Papier in grellen Farben, Stift, Glas- oder Plastikflasche, Kerze, Streichhölzer
Alter: ab 7 Jahren (mit Variante ab 3 Jahren)

Auf das Papier eine kurze Nachricht und die eigene Adresse schreiben und mit einer schönen Zeichnung verzieren.
Brief zusammenrollen und in die Flasche schieben.
Verschluss fest zuschrauben.
Kerze anzünden und den Rand des Verschlusses mit Wachs zutropfen lassen, damit die Flasche wirklich wasserdicht ist.
Ins Meer oder von einer Brücke aus in einen nahe gelegenen Fluss werfen.
Hoffentlich kommt bald Antwort!

Variante für Kinder ab 3 Jahren
Die Kinder lassen sich von der Spielleitung ihre Nachricht und die Adresse aufschreiben. Sie malen ein schönes Bild oder eine Verzierung dazu.

Allerlei Seemannsgarn

Um das Meer und seine Bewohner ranken sich viele Märchen und Sagen. Sie sind Ausdruck der engen Verbundenheit der Menschen mit dem Meer, aber auch der Ungewissheit der damaligen Schiffsreisen. Wer auf die See hinausfuhr, ging immer auch das Risiko ein nicht zurückzukehren. Riesige Fische, die ganze Boote verschlangen, grausame Seemonster und herzlose Meermenschen bevölkerten das Meer in der Fantasie der Menschen. Mit ihnen versuchten sich die Küstenvölker zu erklären, was ihnen während ihrer Seereisen widerfuhr. Sie machten die Kräfte des Meeres und die Schicksale der Menschen, die zur See fuhren, verständlich.

Heute können wir uns viele dieser Sagen und Märchen streng wissenschaftlich erklären. Schade eigentlich ...

Meerjungfrauen

Meerjungfrauen und Meermänner sind Kreaturen mit einem menschlichen Oberkörper und einem Fischschwanz. Heutzutage kennt fast jedes Kind „Arielle, die kleine Meerjungfrau" aus dem gleichnamigen Zeichentrickfilm (sehr frei nach dem Märchen von Hans Christian Andersen). Doch Vorstellungen von solchen Lebewesen sind schon sehr alt: Bereits vor etwa 4000 Jahren berichteten Seefahrer von Meermenschen.

Im europäischen Sagengut waren Meerjungfrauen den Elfen ähnliche, liebliche Geschöpfe mit magischen und prophetischen Kräften. Sie liebten Musik und sangen gerne. Ihre Stimmen verzauberten unglückliche Seeleute. Obwohl sie viel länger lebten als Menschen, waren sie doch sterblich und hatten keine Seele.

Oft berichten die Märchen von einer Ehe zwischen Meerjungfrauen, die menschliche Gestalt annehmen konnten, und Menschenmännern. In den meisten dieser Märchen stiehlt der Mann der Nixe ihren Gürtel, Kamm oder Spiegel oder ihre Fischhaut, während sie in Menschengestalt am Strand tanzt. So lange er diese Gegenstände vor ihr verbergen kann, muss sie bei ihm bleiben; findet sie sie, kehrt sie sofort ins Meer zurück. Manchmal waren diese Ehen auch an bestimmte Bedingungen geknüpft – sie hielten nur, bis die Bedingung erfüllt war oder sich der Mann nicht mehr an die Bedingung hielt.

In den meisten Sagen waren Meerjungfrauen eine Gefahr für die Menschen. Ihre Geschenke brachten Unglück und wenn ihnen etwas missfiel, schickten sie eine Flut oder eine andere Naturkatastrophe. Erblickte ein Seemann während der Reise eine Meerjungfrau, war das ein Omen für den bevorstehenden Untergang des Schiffes. Manchmal lockten sie Sterbliche in den Tod durch Ertrinken, wie etwa die Lorelei am Rhein.

Heutzutage vermuten ForscherInnen, dass die Märchen von Meerjungfrauen auf Sichtungen von Seekühen basieren. Seekühe sind im Meer lebende Säugetiere mit zwei Vorderflossen und einer Schwanzflosse. Sie grasen in Seewiesen. Während sie sich ausruhen, stehen sie oft senkrecht im Wasser, so dass der Kopf herausschaut.

Meeresungeheuer

Die meisten mythischen Meeresungeheuer waren von schlangengleicher oder drachenähnlicher Gestalt. Viele Kulturen berichten von dem Kampf eines guten Gottes gegen die animalischen und zerstörerischen Kräfte in Form einer Schlange oder eines Drachen. Die Wikinger schnitzten Drachenköpfe an ihre Schiffe und malten Drachen auf ihre Schilde, um Furcht in den Herzen ihrer Feinde zu säen. Viele der Sichtungen von Seeschlangen lassen sich heute ganz banal erklären: Gruppen von Meeresschildkröten schwimmen manchmal nah hintereinander durch das Wasser – wenn sie nacheinander auftauchen, um Luft zu holen, kann das wie der Körper einer Schlange aussehen, der halb im Wasser verborgen ist. Oder lange, bänderartige Tange treiben an der Meeresoberfläche.

„Kraken" ist ein alter norwegischer Name für ein vielarmiges Meeresungeheuer. Der Legende nach soll es so groß wie eine schwimmende Insel sein. Es windet seine langen Fangarme um den Mast und zieht das Schiff mit Mann und Maus in die Tiefe. Tatsächlich gibt es einen riesigen Tintenfisch, der eine Länge von mindestens 15 Metern erreichen kann und der in den Gewässern Nordeuropas lebt. Der Anblick eines solchen Tieres ist sicher Furcht erregend. Wenn es an der Oberfläche entlangschwimmt, kann außerdem der Eindruck einer Seeschlange entstehen. Dieser Tintenfisch gehört zur Nahrung der Pottwale, und es gibt Berichte, dass der Tintenfisch den Wal unter Wasser zieht und dort hält, bis er erstickt. Seemannsgarn?

Die Sirenen waren Wasserwesen aus der griechischen Sagenwelt. Halb Frau und halb Vogel bezauberten sie mit ihren Gesängen die Seefahrer, so dass diese das Steuern vergaßen und mit ihren Schiffen an Felsen und Klippen zerschellten. Um zwar ihrem Gesang lauschen zu können, aber nicht von den Sirenen verführt zu werden, ließ sich Odysseus von seiner Besatzung an den Mast des Schiffes binden. Die Mannschaft verstopfte sich die Ohren mit Wachs und segelte an den Sirenen vorbei, ohne ihrem Gesang zu erliegen.

Auch seltsame oder riesige Wale gehören zu den Mythen, die sich um das Meer ranken. In Island erzählte man sich einst Geschichten über Pferdewale, Eberwale und Furcht erregende rotköpfige Wale. Sie zogen durch die Meere und vernichteten alle Schiffe, die ihren Weg kreuzten. Der Narwalbulle mit seinen weißen, gewundenen Stoßzähnen war das Vorbild für das sagenhafte Einhorn. Vor allem im Mittelalter erzählten Seeleute Geschichten von Walen so groß wie eine Insel: Erst wenn die Seemänner ein Feuerchen auf der vermeintlichen Insel entzündeten, tauchte der Wal ab und ertränkte alle Lebewesen auf seinem Rücken.

Götter und ihre Kreaturen

Alte Religionen personifizierten häufig die Naturgewalten. Der polynesische Schöpfergott ist halb Mensch, halb Tümmler. In der griechischen Mythologie ist Poseidon der gewalttätige Gott des Meeres („Neptun" bei den Römern); seine Waffe ist der Dreizack und er ist häufig mit Delfinen abgebildet. Die Wellen mit ihren Schaumkronen sind die Pferde des Poseidon. Der Halbgott Triton ist der Sohn von Poseidon und der Meeresgöttin Amphitrite. Manchmal wird er als der Gott der Seefahrer bezeichnet. Er soll der Vater vieler Wassermänner sein und hat selber auch einen Fischschwanz. In den meisten Abbildungen hält er ein großes Schneckenhaus in der Hand, in das er bläst, um die Wellen aufzuwühlen oder zu besänftigen.

Die biblische Geschichte von Jonah und dem Fisch schildert, wie Jonah dem Willen Gottes nicht gehorcht. Gott sendet Jonah nach Niniveh. Jonah aber besteigt ein Schiff, das ihn in die entgegen gesetzte Richtung bringen soll. Auf hoher See bricht ein fürchterlicher Sturm aus. Jonah bekennt, dass er den Sturm über das Schiff gebracht hat, worauf ihn die Seeleute auf seine eigene Bitte hin über Bord werfen. Ein großer Fisch verschluckt Jonah; drei Tage und drei Nächte bleibt Jonah in dem Fisch, bis dieser ihn auf trockenes Land ausspuckt. Nun endlich beugt sich Jonah dem Willen Gottes und geht nach Niniveh.

Seemannsgarn – eine Fantasiereise

Abtauchen in eine Welt voller freundlicher „Meermonster"!

Material: Matte und Decke für jedes Kind
Alter: ab 4 Jahren

Die Kinder legen sich auf die Matten und decken sich – wenn sie mögen – mummelig zu.
Die Spielleitung liest das folgende Seemannsgarn langsam und mit Pausen vor:

„Lege dich bequem auf den Rücken. Wenn du magst, kuschle dich nun in deine Decke ein, so dass es angenehm und warm ist. Du kannst jetzt die Augen schließen oder erst dann, wenn du das Bedürfnis dazu verspürst!
Ich lade dich nun zu einer Fantasiereise ein. Es ist ein Seemannsgarn, eine Geschichte, die mir ein alter Seemann erzählt hat. Ich erzähle diese Geschichte jetzt dir und du lässt in deiner Fantasie die Bilder in dir entstehen, betrachtest und genießt sie. (...)
Atme ruhig und gleichmäßig. (...)
Spüre, wie der Atem, wenn er in deinen Körper kommt, den Bauch ganz ausfüllt und beim Ausatmen die ganze Luft aus dem Bauch über deine Nase oder deinen Mund hinausströmt. (...)
Atme ruhig und gleichmäßig, (...)
lasse deinen Atem immer ruhiger und ruhiger werden. (...)
Spüre, wie sich dein Körper immer mehr entspannt. (...)
Spüre, wie dein Körper auf dem Boden liegt, spüre, wo die Füße und Beine den Boden berühren. (...)
Spüre, wo der Po und der Rücken den Boden berühren. (...)
Du spürst, wie Arme und Hände den Boden berühren, (...)
deine Schultern und der Kopf. (...)
Der ganze Körper ruht auf dem Boden und du spürst, wie der Boden dich stützt und trägt. (...)
Stelle dir nun vor, dass du an Bord eines Schiffes bist. Das Schiff segelt über das blaue und ruhige Meer. Die Sonne scheint und du spürst die Wärme ihrer Strahlen auf deinem Gesicht. (...)
Neben dem Schiff schäumt das Wasser und eine Meerjungfrau taucht aus den Wellen auf.
Sie reitet auf einem Seepferd und winkt dir freundlich zu. (...)
Sie lädt dich ein, mit ins Meer zu kommen. Du steigst zu ihr auf das Seepferdchen und ihr taucht ins Meer hinein. Du kannst wie in einem Märchen unter Wasser atmen und du siehst alles hell und klar. (...)

Die Meerjungfrau begleitet dich nun durch die Welt unter Wasser. Es ist eine Landschaft voller schöner und interessanter Dinge: bunte Fische, (...)
lustige Meerkinder mit Fischschwänzen, (...)
eine nette Seeschlange. (...)
Alle sind freundlich, lächeln dich an und du kannst ihre Sprache hervorragend verstehen. (...)
Du wanderst durch dieses Land und kommst zu einer Seegraswiese, die hell im Sonnenlicht leuchtet, das in das Wasser hereinscheint.
Du betrachtest die Wiese und entdeckst dort etwas Besonderes: dein Lieblingswassergeschöpf. Ist es ein lustiger Tintenfisch? (...)
Oder ein niedliches Walbaby? (...)
Was für ein Wesen ist es? Wie sieht es aus? Welche Farbe hat es? (...)
Ist es dir fremd oder bekannt? (...)
Das Wesen lächelt dich an und spricht mit dir. (...)
Es will dir hier unter Wasser ganz viel zeigen und gemeinsam wandert ihr herum. (...)
Schau dir alles in Ruhe an. (...)
Während eurer Wanderung findet ihr einen Lieblingsplatz. Wie sieht er aus? (...)
Seid ihr alleine oder sind dort noch mehr freundliche Wesen? (...)
Ihr spielt an eurem Lieblingsplatz. (...)
Langsam wird es Abend. Dein Freund geht mit dir den Weg zurück zu der freundlichen Meerjungfrau. (...)
Du steigst zu ihr auf das Seepferdchen. Es schwimmt los und bringt dich zurück zu dem Schiff, auf dem deine Reise begann. (...)
Du kletterst an Bord und winkst der Meerjungfrau zu, die in das Wasser hinabtaucht. (...)
Achte nun wieder auf deinen Atem. (...)
Spüre, wie du ihn durch die Nase in deinen Körper holst, wie der Atem deinen Bauch hebt beim Einatmen und wie er sich senkt beim Ausatmen. (...)
Spüre deinen Körper, wie er auf dem Boden liegt, deine Füße, Beine, Rücken, Arme und Hände, Schultern und Kopf. (...)
Atme ganz bewusst, spüre, wie du wieder hier in diesem Raum bist. (...)
Bewege langsam deine Füße und Beine, (...)
deine Hände und Arme, (...)
recke und strecke dich wie nach einem langen, erholsamen Schlaf. (...)
Öffne nun deine Augen und komme langsam und in deinem eigenen Tempo zurück zu uns in unseren Kreis."

Seemannsgarn spinnen

Ein schönes Spiel für Gruppen-Übernachtungen oder lange Abende am Strand!

Material: Taschenlampe
Alter: ab 5 Jahren (mit Variante für ältere Kinder)

Die Kinder setzen sich im Kreis auf den Boden. Der Raum ist verdunkelt, um den Kindern das Sprechen zu erleichtern und sie vor den Blicken der anderen zu schützen.
Alle vereinbaren, dass nur das Kind mit der Taschenlampe reden darf, alle anderen hören zu.
Die Spielleitung nimmt die leuchtende Taschenlampe in die Hand und beginnt mit einer Geschichte.
Nach einigen Sätzen unterbricht sie und reicht die Taschenlampe an das neben ihr sitzende Kind weiter.
Dieses greift den Faden der Geschichte auf und erzählt sie weiter.
Wenn ein Kind nichts beitragen möchte, respektiert die Gruppe dies; die Taschenlampe wandert dann einfach weiter.
Wie lange die Geschichte dauert, hängt von den Kindern ab.
Wenn sie in Erzähllaune sind, kann die Taschenlampe mehrere Runden durch den Raum wandern.
Wenn nicht, beendet die Spielleitung die Geschichte für die Kinder, wenn sie wieder an der Reihe ist.

Variante für ältere Kinder
Die Spielleitung gibt drei willkürliche Begriffe vor, die in dem Seemannsgarn eine wichtige Rolle spielen sollen.
Je unterschiedlicher die Begriffe sind, desto schwieriger und lustiger wird es!

Und dann kam die Seeschlange!

Das bringt Bewegung in die Gruppe!

Material: keines
Alter: ab 3 Jahren

Die Spielleitung erzählt ein frei erfundenes Seemannsgarn. Sie vereinbart vorher mit den Kindern, dass diese bei dem Satz „Und dann kam die Seeschlange!" aufspringen und zu einem festgelegten Ort rennen. Wer dort als erster ankommt, hat gewonnen.

Tipp
Natürlich baut die Spielleitung in die Geschichte ganz viele falsche Höhepunkte ein: „Und dann kam ... der Meeresgott / der Briefträger / deine Oma!" Bis dann die Seeschlange doch endlich einmal kommt!

Berühmte Meerjungfrauen

Die bekannteste Meerjungfrau ist sicher die Kleine Meerjungfrau aus dem dänischen Märchen von Hans Christian Andersen. Sie verliebte sich in einen Prinzen und gab ihre Stimme her, um in Menschengestalt bei ihm sein zu können. Doch so konnte sie ihm niemals sagen, wie sehr sie ihn liebte. Zu Ehren des Dichters sitzt im Hafen von Kopenhagen in Dänemark die Statue der Kleinen Meerjungfrau auf einem Felsen.

Die Meerjungfrau von Zennor in Cornwall, England, verliebte sich ebenfalls, und zwar in einen jungen Mann mit einer herrlichen Singstimme. Der Mann folgte ihr ins Meer. Dort leben und singen die beiden gemeinsam. Es heißt, dass ihr Gesang den Fischern verrät, wann sie auslaufen können und wann sie besser in den sicheren Hafen zurückkehren.

An den Stränden der schottischen Küste Iona findet man graugrüne Kieselsteine. Das sind der Sage nach die Tränen einer Meerjungfrau, die sich in einen heiligen Mann verliebte. Sie besuchte ihn jeden Tag, aber er sagte ihr, dass sie das Wasser für immer verlassen müsse, um eine Seele zu erlangen. Das jedoch konnte sie nicht tun und so blieben nur ihre Tränen.

Meerjungfrau mit Glitzerflosse

Nixen stammen aus der deutschen Sagenwelt, aber sie haben viel mit Meerjungfrauen gemein. Sie leben in herrlichen Unterwasserpalästen und mischen sich unter die Menschen, indem sie die Form eines jungen schönen Mädchens oder einer alten Frau annehmen oder sich sogar unsichtbar machen. Manche dieser Geschichten berichten davon, dass Nixen Menschenkinder entführen.

Material: Tonpapier in Hautfarbe, Schere, glitzernde Hologrammfolie, Wolle, Klebstoff, Stifte, Nadel, Faden
Alter: ab 5 Jahren

Auf das hautfarbene Tonpapier eine Nixe (s. Abb.) aufmalen und ausschneiden.

Einmal von rechts und einmal von links auf die Hologrammfolie legen, die Schwanzflossenpartie jeweils mit einem Stift umfahren und ebenfalls ausschneiden. Hologrammfolie von vorne und hinten auf die Flosse kleben.

Auf eine Seite der Meerjungfrau ein Gesicht aufmalen und Haare aus Wolle ankleben.

Nixe wenden und an den Hinterkopf ebenfalls Haare kleben.

Mit der Nadel einen Faden durch den Haaransatz oder die Armbeuge ziehen und die Meerjungfrau aufhängen, wo sie sich in den Wellen wiegen kann.

Variante

Wer die Meerjungfrau nicht aufhängen will, braucht die Hologrammfolie und die Haare nur auf der Vorderseite. Rückseite mit Klebstoff bestreichen und auf blauen Tonkarton kleben. Oder möchte die kleine Nixe lieber den Fischen und Quallen im Meeresbild (s. S. 59) Gesellschaft leisten?

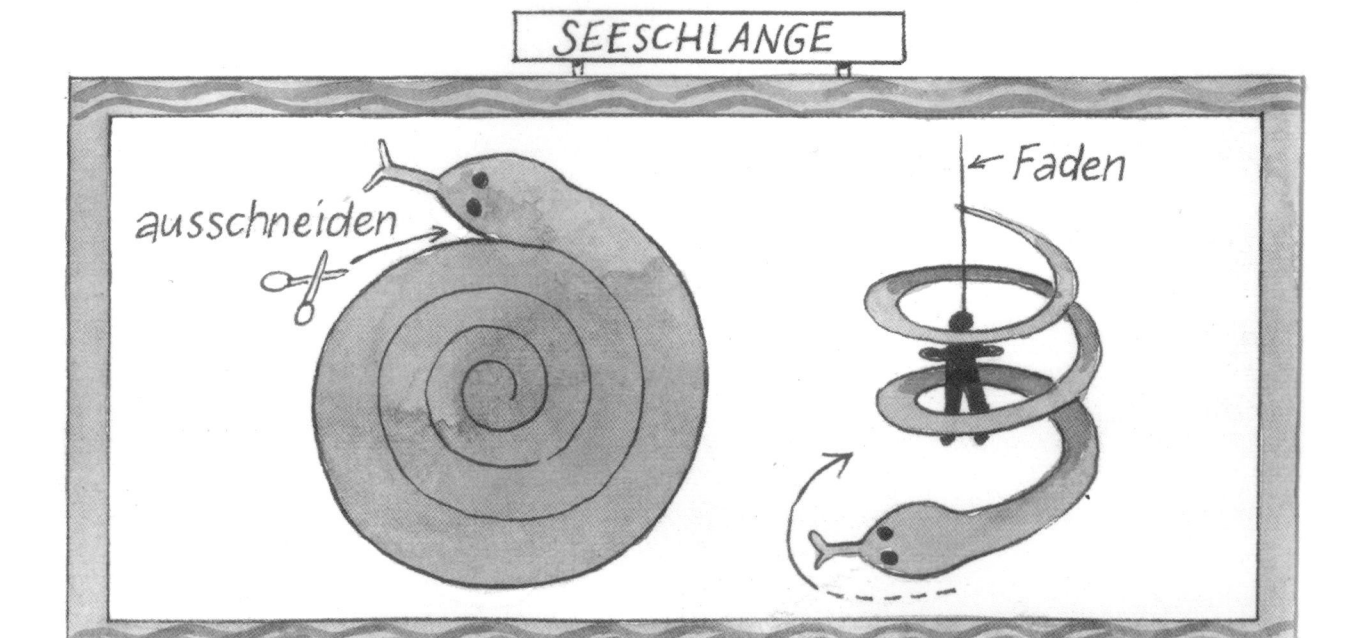

Muschelkämme für Nixen

Material: bunte Haarkämme, Muschelschalen, Schneckenhäuser, Acrylfarbe, Pinsel, Klarlack, Heißklebepistole; evtl. Handspiegel
Alter: ab 4 Jahren

Muschelschalen und Schneckenhäuser in einer zum ausgewählten Kamm passenden Farbe bemalen und trocknen lassen.
Die Objekte mit Klarlack überziehen und trocknen lassen.
Muscheln und Schnecken auf dem Kamm anordnen und mit der Heißklebepistole festkleben.

Wichtig
Die Spielleitung hilft beim Umgang mit der Heißklebepistole, damit sich kein Kind verletzt.

Tipp
Ganz toll ist auch ein passender Handspiegel mit breitem Rahmen, der auf die gleiche Art verziert wird.

Seeschlange

Durch die warme Luft über der Heizung kommt richtig Bewegung in die Sache!

Material: Tonkarton in Grün- oder Blautönen (DIN A4), Teller, Stifte, Schere, roter Papierrest, Klebstoff, Tonpapier je nach Motiv
Alter: ab 5 Jahren

Den Teller auf den Tonkarton legen, mit dem Stift umfahren und ausschneiden.
Am Rand beginnend eine nach innen laufende Spirale aufmalen und entlang dieser Linie schneiden.
Der Kopf der Schlange ist dabei außen; in der Mitte des Kreises ist die Schwanzspitze.
Nach Belieben bemalen.
Aus dem roten Papier eine gespaltene Zunge ausschneiden und an die Schlange kleben.
Aus dem Tonpapier Fische, Meermänner und Meerjungfrauen oder Seeleute ausschneiden und die Figuren anmalen.
Mit der Nadel einen Faden durch die Figuren ziehen, so dass sie untereinander hängen.
Den gleichen Faden mehrfach durch das Schwanzende der Schlange ziehen und noch einen Rest Faden zum Aufhängen über der Heizung stehen lassen.
Die Seeschlange schlängelt sich nun um die Figuren herum.

Seeschlangen-Marionette

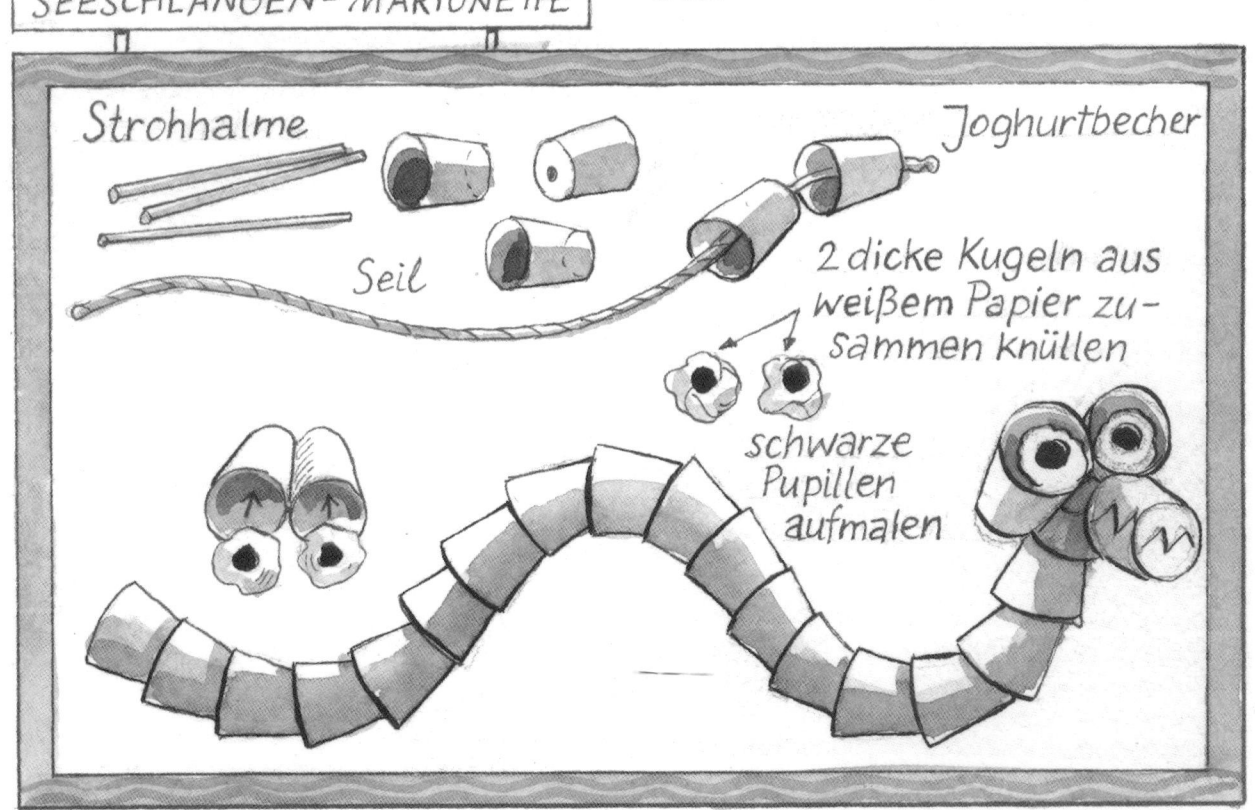

Ob diese Seeschlange nett oder ungezogen ist, hängt ganz von dem Kind ab, das sie führt!

Material: etwa 25 leere, gespülte Joghurtbecher, spitze Schere oder Ahle, Acrylfarben, Pinsel, Schnur, Strohhalme, evtl. Tacker, Klebeband, weißes Papier, schwarzer Filzstift, Faden, 2 Stöcke

Alter: ab 5 Jahren (mit Hilfe eines Erwachsenen)

In die Böden der Joghurtbecher mit der Schere oder Ahle ein Loch pieksen.
Strohhalme in etwa 5 cm lange Stücke schneiden.
Becher uni, gemustert oder in verschiedenen Farben anmalen.
Ein langes Stück Schnur abschneiden und an einem Ende einen dicken Knoten machen.
Die Schnur von innen durch den ersten Becher ziehen und ein etwa 5 cm langes Stück Strohhalm auffädeln. Die Länge des Strohhalmstückes bestimmt die Entfernung der Becher zueinander. Becher und Strohhalme im Wechsel auffädeln.
Auf diese Art eine Schlange aus ungefähr 20 Joghurtbechern herstellen.
Bei der fertigen Schlange sind die Becherböden vorne und die Öffnungen hinten.
Zwei gleichfarbige Becher Seite an Seite mit Klebeband umwickeln oder zusammentackern – das werden die Augen.
Aus dem weißen Papier zwei dicke Kugeln zusammenknüllen und je eine Kugel in einem der Becheraugen ankleben.
Eine dicke schwarze Pupille aufmalen. Die beiden Augen am zweiten Becher der Schlange mit Klebeband befestigen.
Mit dem Filzstift auf das Maul der Schlange Zähne malen – Vorsicht, sie beißt!
Am Kopf und an einer anderen Stelle des Körpers je einen Faden befestigen und die anderen Enden an zwei Stöcke knoten.
Die Seeschlange an den Stöcken führen.
Wo findet sie ein leckeres Fischlein für das Frühstück?

Zaubermuscheln

Material: Muschelschalen, ebenso viele Blüten aus dem Garten oder von der Wiese (nicht größer als die Muschelschalen), Faden, wasserfester Klebstoff, Wasser, flache Alu-Schale o. Ä., Gefriertruhe, Glasgefäß mit Wasser; evtl. Murmeln, Eiswürfelbehälter
Alter: ab 3 Jahren zum Betrachten, ab 4 Jahren zum Basteln

Je eine Blüte an einen Faden binden.
Faden auf etwa 5 cm kürzen (die Fäden dürfen nicht länger sein als später das Wasser im Gefäß hoch steht) und das freie Ende in jeweils eine Muschelschale kleben.
Wenn der Klebstoff getrocknet ist, Muschelschalen mit Blüteninhalt in die Alu-Schale setzen und nur die Muschelschalen mit Wasser auffüllen.
Alles vorsichtig in die Gefriertruhe stellen, bis das Wasser zu Eis geworden ist und die Blüten fest eingeschlossen sind.
Glasgefäß mit möglichst kaltem Wasser auf den Tisch stellen, so dass alle gut sehen können.
Muscheln aus der Gefriertruhe holen und in das Gefäß setzen.
Das Eis schmilzt und gibt die Blumen frei, die nun am Faden nach oben treiben. Zauberhaft!

Variante

Murmeln in Eiswürfeln einfrieren.
Fertige Eiswürfel in ein Glasgefäß mit Wasser geben.
Das Eis schmilzt und die Murmeln sinken als Schatz auf den Meeresgrund.

Muschel mit Perle

Perlen bestehen aus Perlmutt, dem gleichen Stoff, mit dem manche Muscheln ihre Schalen innen verkleiden. Sie entstehen, wenn ein Fremdkörper in die Muschelschalen eindringt – sie sind praktisch Isolationshaft für den Fremdkörper. Das tut ihrer Schönheit und ihrem Wert aber keinen Abbruch! Ganz im Gegenteil.

Material: 2 gleich große und gleich geformte Muschelschalen, feste, klare Folie, Schere, Heißklebepistole, flacher Stein aus buntem Glas; evtl. Gold- oder Silberband
Alter: ab 4 Jahren

Einen kleinen Streifen feste durchsichtige Folie von innen als Klappscharnier an den beiden Muschelhälften festkleben, so dass sich die Muschelschalen öffnen und schließen lassen.
In eine Muschelhälfte einen Glasstein als leuchtende Perle kleben.
Fertig ist ein bezauberndes Geschenk für eine liebe Person!

Variante

Falls die Muschelschalen Löcher an passenden Stellen haben, einen Gold- oder Silberfaden hindurch ziehen und die Schalen aneinander knoten.

Beim Klabautermann!

Im Volksglauben ist der Klabautermann ein Schiffskobold, der schadhafte Stellen aufzeigt, den Tod eines Matrosen mit seinem Erscheinen ankündigt und bei Gefahr das Schiff verlässt.

Material: Geschichte, kleine Preise (z. B. winzige Süßigkeiten, Muschelschalen, Murmeln, Glasperlen etc.)
Alter: ab 3 Jahren

Die Spielleitung erzählt oder liest ein selbst erdachtes Seemannsgarn vor, in dem viele haarsträubende, ganz und gar unwahrscheinliche Dinge geschehen oder vorkommen.
Die Kinder hören gut zu und rufen laut „Beim Klabautermann!", sobald sie etwas Unwahres entdeckt haben.
Wer an der richtigen Stelle ruft, bekommt einen kleinen Preis: eine winzige Süßigkeit oder eine schöne Muschelschale. Vielleicht könnte es auf einem Kindergeburtstag auch eine Murmel oder Glasperle sein, die die Kinder behalten dürfen.
Wer an der falscher Stelle ruft, muss einen Preis wieder abgeben!
Wer sammelt die meisten Preise?

Tiefseeungeheuer

Jedes Kind stellt sich einmal vor, dass unter ihm im Schwimmbad ein gefährliches Meermonster lauert ... waaah!

Material: große meerblaue Decke oder Tuch, 10 Quietscher (aus dem Hobby- oder Bastelgeschäft oder kleine Quietschtiere), kleine, weiche Gegenstände (kleine Kuscheltiere o. Ä.)
Alter: ab 3 Jahren

Vorbereitung

Bevor die Kinder dazukommen, das Tuch auf dem Boden ausbreiten und darunter die Quietscher und andere weiche Gegenstände verteilen. Es sollten recht viele sein, damit die Kinder nicht einfach die Lücken nutzen. (Die Kinder nicht zuschauen lassen!)

Spielverlauf

Ein Kind beginnt und krabbelt vorsichtig auf allen Vieren über die Decke.
Sobald es quietscht, hat es die Ungeheuer geweckt und sofort stürzen die anderen Kinder herbei und kitzeln den Pechvogel aus.
Wer es schafft, das Meer ohne Zwischenfall zu überqueren, darf das nächste Kind aussuchen.

Meeresleuchten

Einige Planktonarten vermögen Licht zu erzeugen – ähnlich wie Glühwürmchen. Das Leuchten kann durch Wasserbewegungen (etwa durch die Ruderschläge eines Bootes oder durch einen Schwimmer) ausgelöst werden. Das Meer schimmert dann bläulich-weiß.

Material: 2 Gefrierdosen, die mit etwa 2 cm Luft an allen Seiten ineinander passen, Wasser, Wasserfarben, Pinsel, Gefriertruhe, evtl. kleine Muschelschalen und Schneckenhäuser, Teelicht, Streichhölzer, Schale; evtl. Eiswürfelbehälter, Auflauf- oder Quicheform
Alter: ab 3 Jahren
Dauer: bis zu mehreren Tagen

Die Gefrierdosen ineinander stellen.
Etwas blaue oder grüne Wasserfarbe in wenig Wasser einrühren und in das äußere Gefäß gießen.
In der Gefriertruhe gefrieren lassen.
Wasser in einer anderen Meeresfarbe anrühren und auf die erste Eisschicht gießen.
Die Wasserschichten können jedes Mal unterschiedlich dick sein.
So verfahren, bis das äußere Gefäß randvoll ist.
Wer mag, lässt Muschelschalen oder Schneckenhäuser mit einfrieren.
Wenn das Meeresleuchten beginnen soll – ein ganz besonderer Anlass! –, das innere Gefäß mit warmem Wasser füllen und sofort vorsichtig aus dem Eisklotz herausholen.
Kurz warmes Wasser über das äußere Gefäß laufen lassen, damit sich das Eis gut löst.
Die Eisleuchte in eine Schale stellen, um das tauende Wasser aufzufangen, und ein angezündetes Teelicht hineinstellen.
Zuschauen und genießen!

Variante

Eiswürfel in verschiedenen Grün- und Blautönen herstellen.
In eine mit wenig Wasser gefüllte, flache Auflauf- oder Quiche-Form geben und zusehen, wie das Eis schmilzt und die Farben verlaufen.
Noch schöner ist es, wenn auch Teelichter in der Form stehen.

Anhang

Wasserwelten: Projekte

Meereszauber für drinnen und draußen

- Aus grünem und blauem Krepppapier Streifen abschneiden und von der Decke herunter hängen lassen.
- Dazwischen Fische aufhängen – selbst gemalte und ausgeschnittene, mit Wabenpapier-Bäuchen gebastelte, auf Folie gemalte Window-Colour-Fische.
- Auch Kleister-Quallen (s. S. 57), „Kraken aus Pappe" (s. S. 64) sowie „Seeschlangen"(s. S. 114) und „Seeschlangen-Marionetten" (s. S. 115) fühlen sich dort wohl.
- In Türen und Durchgänge blaue Mülltüten hängen, die wellig eingeschnitten sind. So kommt sofort Meeresstimmung auf.
- Mit einem Kleber, der sich gut wieder entfernen lässt, Muschelschalen und Schneckenhäuser auf Spiegelränder im Badezimmer aufkleben.
- „Algensteine" (s. S. 38) im Zimmer aufstellen und mit der „Strandkrabbe" (s. S. 37) dekorieren.
- An die Wände „Bullaugenbilder" (s. S. 84), „Das Watt – ein Schaubild" (s. S. 42), „Fischbilder" (s. S. 55) und die beiden „Muschelsammlungen" (s. S. 27, 28) hängen.
- Auch das „Strandbild – Sandbild" (s. S. 36) und der „Strandgut-Rahmen" (s. S. 27) verbreiten Atmosphäre.
- Viel Platz an der Wand benötigt das „Meeresbild" (s. S. 59).
- Verschiedene Aquarien (s. S. 50-52) oder einen Leuchtturm (s. S. 72) aufstellen.
- Dazu eine CD oder Kassette mit Meeres- oder Küstenklängen laufen lassen (z. B. Buckelwal-Gesänge oder das Krächzen von Seevögeln).
- Den Außenbereich mit dem „Muschel-Windspiel" (s. S. 29) und „Zaungästen" (s. S. 36) dekorieren.

Berufe rund ums Meer

In den folgenden Spielen und Basteleien erfahren die Kinder etwas über Berufe, die mit dem Meer verbunden sind.

- „Wasserpolizei" (s. S. 77)
- „Wasserfeuerwehr" (s. S. 77)
- „Fischer, Fischer, welche Fahne weht heute" (s. S. 75)
- „Angelspiel" (s. S. 76)
- „Fischernetz knüpfen" (s. S. 74)
- „Matrosendrill" (s. S. 80)
- „Seemannsknoten" (s. S. 84)
- „Steuermann und Steuerfrau" (s. S. 88)
- „Containerschiff-Spiel" (s. S. 86)
- „Flaggenalphabet" (s. S. 83)

Insel-Idylle

Tropischen Insel-Spaß bieten:

- „Ara, krächz' einmal!" (s. S. 107)
- „Papagei" (s. S. 107)
- „Inselspieße mit Dip" (s. S. 106)
- „Robinsons Insel" (s. S. 105)
- „Limbo-Tanz" (s. S. 106)
- „Auf eine einsame Insel nehme ich mit..." (s. S. 104)
- „Schatztruhe" (s. S. 103).

Spaß am Strand

Direkt an Strand und Meer lassen sich folgende Spiele durchführen:

- Strandspiele – Sandspiele (s. S. 40)
- „Alge, Muschel, Fisch" (s. S. 35)
- „Einmal um die Sieben Weltmeere" (s. S. 66)
- „Enterhaken-Spiel" (s. S. 99)
- „Feuerquallen" (s. S. 58)
- „Gießkannenbilder" (s. S. 12)
- „Mann über Bord" (s. S. 89)
- „Piratengefecht" (s. S. 99)
- „Sanduhrdrängeln"(s. S. 82)
- „Sanduhrrennen" (s. S. 82)

- „Seifenblasen-Schießen" (s. S. 17)
- „Wasserrennen" (s. S. 37)

... und für größere Gruppen alle Wett- und Fangspiele. Auch einige kleine Basteleien sind strandtauglich.

Verwendete und weiterführende Literatur

Sachbücher

Bruun, Singer, König: Der Kosmos-Vogelführer. Kosmos, 1986.

Cafiero, G. und Jahoda, M.: Giganten der Meere. Karl Müller Verlag.

Campbell, A. C.: Der Kosmos-Strandführer. Franckh'sche Verlagshandlung, 1977.

Camphausen, C.: Piratenfest. moses, 1999.

Crawford, J. B. (Hrsg.): Die Welt der Ozeane. Time Life, 2000.

Henry-Biabaud, Ch.: Am Meer. Fleurus, 1999.

Janke, K., Kremer, B. P.: Düne, Strand und Wattenmeer. Franckh-Kosmos, 1999.

Lenz, A.: Am Meer. Ensslin, 2002.

Line, L., Reiger, G.: Lebensraum Ozean. Moewig, 1990.

Llewellyn, C.: Haie. Tessloff, 2001.

Oliver, C.: Raubfische und andere Meerestiere. Loewe, 2001.

Pernetta, J.: Großer Atlas der Meere. Naumann & Göbel, 2000.

Pickering, F.: Lexikon der Tiere. Xenos, 1999.

Schön, B.: Wild und verwegen übers Meer. Kinder spielen Seefahrer und Piraten. Ökotopia, 1997.

Lesebücher

Daniels, L.: Jody und die Delfine, 6 Bände, Ravensburger Buchverlag, 2001-2003.

Doinet, M.: Der Delfin. Annette Betz Verlag, 2001.

Duquennoy, J.: Kleiner, dich kriegt keiner! ars Edition, 1997.

Funke, C.: Das Piratenschwein. Dressler, 1999.

Funke, C.: Lilli, Flosse und der Seeteufel. Fischer, 1998.

Giordano, M.: Die wilde Charlotte. Rowohlt, 1998.

Hansen, C. und V.: Petzi (z. B. Band 1, 2, 3, 12, 13, 20). Carlsen, 1991.

James, S.: Sally und die Napfschnecke. Beltz, 1995.

Knister: Hexe Lilli bei den Piraten. Arena, 1995.

Kruse, M.: Der Löwe ist los. Thienemann, 1995.

Kruse, M.: Urmel taucht ins Meer. dtv, 1999.

Lionni, L.: Swimmy. Middelhauve, 2000.

Mensching, G. und Heidelbach, N.: Die Insel der sprechenden Tiere. dtv, 2001.

Nöstlinger, Ch.: Mini fährt ans Meer. Dachs, 1992.

Pestum, J.: Paule und die wilden Piraten. Arena, 2001.

Uebe, I.: Melinda und der Zauber der Meerhexe. Nord-Süd, 1996.

Register

Spiele

Alge, Muschel, Fisch	35
Angelspiel	76
Ara, krächz' einmal!	107
Auf eine einsame Insel nehme ich mit ...	104
Beim Klabautermann!	117
Blubberfisch-Spiel	54
Buckelwal-Spiel	60
Buntes Pfützenspringen	20
Containerschiff-Spiel	86
Das Ei des Kolumbus – ein Rätsel	90
Der Fischkutter und die Möwen	31
Der gierige Krake – ein Balancierspiel	63
Dicke Suppe	18
Die Arme des Kraken	63
Die Erde ist rund	49
Einmal um die Sieben Weltmeere	66
Enterhaken-Spiel	99
Fantasiereise im U-Boot	65
Feuerfisch (s. Feuerquallen)	58
Feuerquallen	58
Fische fangen	74
Fischefangen im Origami-Becher	75
Fischer, Fischer, welche Fahne weht heute?	75
Flaggenalphabet	83
Fliegende Fische	54
Gießkannenbilder	12
Hai-Fangen	56
Holzbeinrennen	98
InselkönigIn	106
La ola – die Welle	18
Limbo-Tanz (s. InselkönigIn)	106
Mann über Bord	89
Matrosendrill	80
Matrosenknoten	84
Napfschnecken-Spiel	34
Papa, Hilfe!	54
Pfützen leeren	21
Piratengefecht	99
Piratenknobelei	96
Plitsch, platsch, Regentropfen	20
Robinsons Insel	105
Sanduhrdrängeln	82
Sanduhrrennen	82
Schatzkarten	101
Schiffbruch	103
Seemannsgarn – eine Fantasiereise	110
Seemannsgarn spinnen	112
Seifenblasen-Schießen	17
Steuermann und Steuerfrau	88
Strandspiele – Sandspiele!	40
Tiefseeungeheuer	117
Treppenspiel	73
Und dann kam die Seeschlange!	112
Unterwasser-Theater	62
Warmer Sommerregen	21
Wasserfeuerwehr	77
Wasserpolizei	77
Wasserrennen	37
Wem gehört der Schatz?	100
Wetterregeln selbst gemacht!	21
Wettsegeln	86

Basteleien

Algensteine	38
Angelspiel	76
Augenklappe	97
Bötchenbasteln unterwegs	86
Bullaugenbilder	84
Das Watt – ein Schaubild	42
Deich-Schäfchen	44
Delfin zum Balancieren	61
Dicke Suppe	18
Federsammlung	29
Fernrohr	101
Filz-Wal	60
Fischbild	55
Fischefangen im Origami-Becher	75
Fische mit Blubb	53
Fischernetz knüpfen	74
Flaggenalphabet	83
Flaschenpost	107
Gurkenglas-Aquarium	50
Hafen	72
Hakenhand	97
Käscher	73
Kleister-Quallen	57
Kompass	80
Kraken aus Pappe	64
Kraken aus Wolle	64
Leucht-Aquarium	52

Leuchtturm	72
Leuchtturm in Sicht	50
Mann über Bord	89
Matrosenkleidung	80
Meeresbild	59
Meeresleuchten	118
Meerjungfrau mit Glitzerflosse	113
Moosgummi-Katamarane	85
Möwen-Katapult	30
Muschelkämme für Nixen	114
Muschel mit Perle	116
Muschelsammlung	27
Muschelsammlung in Gips	28
Muschel-Windspiel	29
Papagei	107
Piratenflagge	98
Piratenkapitän	95
PiratInnenkleidung	95
Piratenhut (s. Piratenkapitän)	95
Piratenmesser	98
Puste-Albatross	66
Sandpapier-Haie	56
Sanduhr	81
Schattengemälde	11
Schatzbeutel	100
Schatzkarten	101
Schatztruhe	103
Schiff mit Düsenantrieb	87
Schwimmende Insel	104
Seeigel	39
Seemannsknoten	84
Seepocken basteln	33
Seeschlange	114
Seeschlangen-Marionette	115
Sonnenmütze	11
Strandbild – Sandbild	36
Strandgut-Rahmen	27
Strandkrabbe	37
Tiefsee-Aquarium	51
Unterwasser-Gucker	31
Unterwasser-Theater	62
Urlaubssouvenirs	88
Windgleiter	17
Windtüte	15
Windwirbler	14
Zaubermuscheln	116
Zaungäste	36

Experimente

Aus welcher Richtung weht der Wind?	15
Deiche	43
Der Blick ins Schneckenhaus	33
Dünen	42
Ölpest	87
Regen im Haus	19
Salzkristalle	13
Sandpapier-Haie	56
Schwimmblase	54
Seepocken beobachten	32
Seestachelbeeren betrachten	32
Warme Luft	12
Wärmeversuch	12
Warum schwimmen Schiffe?	85
Was fressen Muscheln?	28
Wolke im Glas	19

Geschichten

Das Möwenkind im Sturm	9
Der Fischer und seine Frau	70
Der große Wal allein im Meer	47
Der kleine Krebs sucht ein neues Haus	25
Lilo und die ängstlichen Piraten	93

Rezepte

Algen-Drink	39
Glibberqualle	58
Inselspieße mit Dip	106
Krabben pulen	76
Kräutersalz selbst gemacht	13
Leckeres Algen-Sushi	39
Selbst gemachte Kluntjes	90
Ursuppe	67
Würziger Kindergrog	89

Info

Berühmte Meerjungfrauen	113
Der Wind, der Wind, das himmlische Kind ...	16
Haie	55
Lebensretter	61
Schlafgenosse	80
Störtebeker	96
Tourismus	44
Wale und Delfine	60

Autorin

Martina Kroth (Jahrgang 1964) hat in Düsseldorf Biologie studiert und in ihrer Diplom-Arbeit mit marinen Würmern gearbeitet. Sie kann an keinem Aquarium vorbei gehen, ohne es zu besuchen, und verbringt ihre Ferien am liebsten mit ihrer Familie am Strand. Wenn sie nicht gerade von einem Segelboot und einem Haus am Meer träumt, arbeitet sie als Museumspädagogin und schreibt Bücher.

Im Ökotopia-Verlag ist von Martina Kroth bereits ein Buch über Dinosaurier („**Schokodon & Kichersaurus**") und ein weiteres über Tiere zum Anfassen („**Käfer, Katze und Kaninchen**", in Zusammenarbeit mit Monika Lange) erschienen.

Illustratorin

Kasia Sander, 1964 in Gdynia (Polen) geboren, studierte an der Danziger Kunstakademie und machte 1993 ihr Diplom an der Fachhochschule für Design in Münster. Seitdem illustriert die Grafikdesignerin Bücher für diverse Verlage (Arena, Schneider, Ökotopia u.a.) und arbeitet seit 2000 als Karikaturistin für die Recklinghauser Zeitung. Darüber hinaus leitet sie Workshops in Ölmalerei und Zeichnung. Kasia Sander hat ihre Werke bereits mehrfach sowohl in Gemeinschafts- wie auch in Einzelausstellungen präsentiert.

Der Fachverlag für gruppen- und spielpädagogische Materialien

Ökotopia Verlag und Versand

Kooperative Spiele, Spiele in Gruppen, Lernspiele, Bewegungsspiele, Brettspiele

Fordern Sie unser kostenloses Programm an:

Ökotopia Verlag
Hafenweg 26 · D-48155 Münster
Tel.: (02 51) 48 19 80 · Fax: 4 81 98 29
E-Mail: info@oekotopia-verlag.de

Besuchen Sie unsere Homepage!
Genießen Sie dort unsere Hörproben!

http://www.oekotopia-verlag.de
und www.weltmusik-fuer-kinder.de

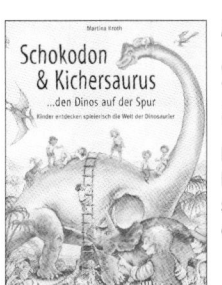

Martina Kroth

Schokodon & Kichersaurus

Den Dinos auf der Spur –
Kinder entdecken spielerisch die Welt der Dinosaurier

ISBN: 3-931902-73-0

Martina Kroth – Monika Lange

Käfer, Katze und Kaninchen

Tiere zu Besuch im Klassenzimmer und Kindergarten zum Anfassen, Beobachten und spielerisch Kennenlernen

ISBN: 3-936286-14-0

Umwelt spielend begreifen
aus dem
Ökotopia Verlag
Hafenweg 26 · D-48155 Münster

Wasserfühlungen
Das ganze Jahr Naturerlebnisse an Bach und Tümpel – Naturführungen, Aktivitäten und Geschichtenbuch

Ein Handbuch für Naturwahrnehmungen an Kleinstgewässern mit Experimenten, Rezepten, Geschichten und spannenden Informationen zur Biologie und Mythologie von Pflanzen und Tieren. Für jede Jahreszeit werden verschiedene Spiele und Wahrnehmungsübungen vorgestellt, die das Verständnis und die Achtung für das Leben an Kleingewässern fördern.

ISBN: 3-936286-13-2

Wiesenfühlungen
Das ganze Jahr die Wiese erleben Naturführungen, Wahrnehmungsspiele und Geschichtenbuch

Wiesen sind Orte verschiendenster Geräusche, Gerüche, Farben und auch Gaumenfreuden, die nicht nur unseren Huftieren und Hasen schmecken. Unsere Wiesen sind aber auch Abenteuer- und Spielplätze, Orte der Ruhe und des Sonnenbadens, ein Zauberland, eine Universität und ein Garten.

ISBN: 3-931902-89-7

Waldfühlungen
Das ganze Jahr den Wald erleben – Naturführungen, Aktivitäten und Geschichtenfibel

Der Wald ist ein Abenteuer – ein Spielplatz, ein Zauberland, eine Universität und ein Garten. Die Bäume erzählen uns Geschichten, die in Sagen, Märchen und Gedichten weitergegeben werden. Aber auch andere Waldbewohner bieten Interessantes und Erstaunliches

ISBN: 3-931902-42-0

Freizeiten in Zeltlagern und Selbstversorgehäusern
Planung, Organisation und Aktivitäten für gelungene Gruppenfahrten

Die Informationen, Meinungen und Anleitungen in diesem Buch sollen beim Vorbereiten helfen, Entscheidungen anbieten und viele Wege sparen. Die erste Erfahrung ‚mit dem „Leben draußen" sollte eine schöne Erfahrung sein, um weitergehende Interessen und Fähigkeiten zu wecken und Berührungsängste abzubauen.

ISBN: 3-931902-82-X

Larix, Taxus, Betula
Pfiffige Spiele, Basteleien, Rezepte und Aktionen rund um Bäume

Eine wahre Fülle von Beschäftigungsideen rund um den Baum: Zu den Bastelvorschlägen mit einheimischen und exotischen Baumprodukten kommen Erkundungsaufträge, Spiele, größere Aktionen und ausgefallene Rezeptideen hinzu. Ergänzende Infos und kulturgeschichtliche Hinweise regen zur Weiterbeschäftigung mit dem Thema an.

ISBN: 3-925169-98-9

Naturnahe Spiel- und Begegnungsräume
Handbuch für Planung und Gestaltung

Grundlagen, Gestaltung, Raumbeziehungen, Pflanzen- und Materialauswahl, Bau in Bürgerbeteiligungsmodellen, Normen und Vorschriften, Wartung und Pflege, Kosten, Agenda 21

Das Handbuch wird ideal ergänzt durch eine CD-ROM mit 350 Dias, Video, zahlreichen Arbeitspapieren und Planungsunterlagen zum Ausdrucken.

ISBN: 3-931902-75-7

Mit Kindern in den Wald
Wald-Erlebnis-Handbuch
Planung, Organisation und Gestaltung

Es ist den Autorinnen gelungen, aus ihren vielfältigen Erfahrungen in Projekten mit Kinder-Gruppen ein echtes Wald-Erlebnis-Handbuch zusammenzustellen, das von der Planung, Organistion bis hin zur Durchführung zahlreiche Anregungen und Hilfestellungen gibt.

ISBN: 3-931902-25-0

Kiesel-Schotter-Hinkelstein
Geschichten und Spiele rund um Steine

Für Kinder und Erwachsene, für Einzelne und Gruppen bietet dieses Buch eine Fülle von Anregungen zum Forschen und Entdecken, zum Spielen und Formen, zum Sinnen und Sprechen.

ISBN: 3-925169-77-6

Kinder spielen Geschichte

Floerke + Schön
Markt, Musik und Mummenschanz
Stadtleben im Mittelalter
Das Mitmach-Buch zum Tanzen, Singen, Spielen, Schmökern, Basteln & Kochen
ISBN (Buch): 3-931902-43-9
ISBN (CD): 3-931902-44-7

G. + F. Baumann
ALEA IACTA EST
Kinder spielen Römer
ISBN: 3-931902-24-2

Jörg Sommer
OXMOX OX MOLLOX
Kinder spielen Indianer
ISBN: 3-925169-43-1

Bernhard Schön
Wild und verwegen übers Meer
Kinder spielen Seefahrer und Piraten
ISBN (Buch): 3-931902-05-6
ISBN (CD): 3-931902-08-0

Im KIGA, Hort, Grundschule, Orientierungsstufe, offene Kindergruppen, bei Festen und Spielnachmittagen

Auf den Spuren fremder Kulturen

Die erfolgreiche Reihe aus dem Ökotopia Verlag

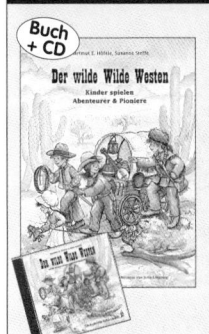

H.E. Höfele, S. Steffe
Der wilde Wilde Westen
Kinder spielen Abenteurer und Pioniere
ISBN (Buch): 3-931902-35-8

Wilde Westernlieder und Geschichten
ISBN (CD): 3-931902-36-6

P. Budde, J. Kronfli
Karneval der Kulturen
Lateinamerika in Spielen, Liedern, Tänzen, Festen für Kinder und
ISBN (Buch): 3-931902-79-X
ISBN (CD): 3-931902-78-1

Sybille Günther
iftah ya simsim
Spielend den Orient entdecken
ISBN (Buch): 3-931902-46-3
ISBN (CD): 3-931902-47-1

Kinderweltmusik im Internet
www.weltmusik-fuer-kinder.de

H.E. Höfele, S. Steffe
In 80 Tönen um die Welt
Eine musikalisch-multikulturelle Erlebnisreise für Kinder mit Liedern, Tänzen, Spielen, Basteleien und Geschichten
ISBN (Buch): 3-931902-61-7
ISBN (CD): 3-931902-62-5

Gudrun Schreiber, Chen Xuan
Zhong guo ...ab durch die Mitte
Spielend China entdecken
ISBN: 3-931902-39-0

D. Both, B. Bingel
Was glaubst du denn?
Eine spielerische Erlebnisreise für Kinder durch die Welt der Religionen
ISBN: 3-931902-57-9

M. Rosenbaum, A. Lührmann-Sellmeyer
PRIWJET ROSSIJA
Spielend Rußland entdecken
ISBN: 3-931902-33-1

G. Schreiber, P. Heilmann
Karibuni Watoto
Spielend Afrika entdecken
ISBN (Buch): 3-931902-11-0
ISBN (CD): 3-931902-12-9

Miriam Schultze
Sag mir, wo der Pfeffer wächst
Spielend fremde Völker entdecken
Eine ethnologische Erlebnisreise für Kinder
ISBN: 3-931902-15-3

Ökotopia Verlag und Versand

Der Fachverlag für gruppen- und spielpädagogische Materialien

Spiele in Gruppen, Lernspiele · Bewegungsspiele, Brettspiele, Kooperative Spiele

Fordern Sie unser kostenloses Programm an:

Ökotopia Verlag
Hafenweg 26 · D-48155 Münster
Tel.: (02 51) 48 19 80 · Fax: 4 81 98 29
E-Mail: info@oekotopia-verlag.de

Besuchen Sie unsere Homepage! Genießen Sie dort unsere Hörproben!

http://www.oekotopia-verlag.de
und www.weltmusik-fuer-kinder.de

Inseln der Entspannung
Kinder kommen zur Ruhe mit 77 phantasievollen Entspannungsspielen

ISBN: 3-931902-18-8

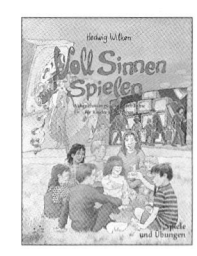

Voll Sinnen spielen
Wahrnehmungs- und Spielräume für Kinder ab 4 Jahren

ISBN: 3-931902-34-X

Toben, raufen, Kräfte messen
Ideen, Konzepte und viele Spiele zum Umgang mit Aggressionen

ISBN: 3-931902-41-2

Auf dem Blocksberg tanzt die Hex'
Spiele, Geschichten und Gestaltungsideen für kleine und große Hexen

ISBN: 3-931902-19-6

Eltern-Turnen mit den Kleinsten
Anleitungen und Anregungen zur Bewegungsförderung mit Kindern von 1-4 Jahren

ISBN: 3-925169-89-X

Wi-Wa-Wunderkiste
Mit dem Rollreifen auf den Krabbelberg – Spiel- und Bewegungsanimation für Kinder ab einem Jahr Mit einfachen Materialien zum Selberbauen

ISBN: 3-925169-85-7

Kritzeln-Schnipseln-Klecksen
Erste Erfahrungen mit Farbe, Schere und Papier und lustige Ideen zum Basteln mit Kindern ab 2 Jahren in Spielgruppen, Kindergärten und zu Hause

ISBN: 3-925169-96-2

Große Kunst in Kinderhand
Farben und Formen großer Meister spielerisch mit allen Sinnen erleben

ISBN: 3-931902-56-0

Kunst & Krempel
Fantastische Ideen für kreatives Gestalten mit Kindern, Jugendlichen und Erwachsenen

ISBN: 3-931902-14-5

Laß es spuken
Das Gruselbuch zum Mitmachen

ISBN: 3-931902-01-3

Wunderwasser Singen kann doch jeder
Lieder, Tänze, Spiele und Geschichten aus dem Kinderwald

ISBN (Buch): 3-931902-65-X
ISBN (CD): 3-931902-66-8

Alte Kleider – Neue Leute
Mit Schleier bin ich Königin, mit Fahrradhelm ein Astronaut

ISBN: 3-931902-81-1

Ökotopia Spiele- und Buchversand
Der Fachversand für umwelt- und spielpädagogische Materialien

Fordern Sie unser kostenloses Versandprogramm an:

Ökotopia Verlag
Hafenweg 26 · D-48155 Münster
Tel.: (02 51) 48 19 80 · Fax: 4 81 98 29
E-Mail: info@oekotopia-verlag.de

Besuchen Sie unsere Homepage! Genießen Sie dort unsere Hörproben!

http://www.oekotopia-verlag.de
und www.weltmusik-fuer-kinder.de

K. + S. Faller
Kinder können Konflikte klären
Mediation und soziale Frühförderung im Kindergarten – ein Trainingshandbuch
ISBN: 3-936286-03-5

Sybille Günther
Snoezelen – Traumstunden für Kinder
Praxishandbuch zur Entspannung und Entfaltung der Sinne mit Anregungen zur Raumgestaltung, Phantasiereisen, Spielen und Materialhinweisen
ISBN (Buch): 3-931902-94-3
ISBN (CD): 3-936286-07-8

M. & R. Schneider
Horizonte erweitern
Bewegen, Entspannen und Meditieren mit Jugendlichen
ISBN (Buch + CD): 3-931902-40-4

Monika Schneider
Gymnastik-Spaß für Rücken und Füße
Gymnastikgeschichten und Spiele mit Musik für Kinder ab 5 Jahren
ISBN (Buch incl. CD): 3-931902-03-X
ISBN (Buch incl. MC): 3-931902-04-8

W. Hering
AQUAKA DELLA OMA
88 alte und neue Klatsch- und Klanggeschichten
ISBN (Buch): 3-931902-30-7
ISBN (CD): 3-931902-31-5

Wolfgang Hering
Kinderleichte Kanons
Zum Singen, Spielen, Sprechen und Bewegen
ISBN (Buch incl. CD): 3-925169-90-3
ISBN (nur Buch): 3-925169-91-1
ISBN (MC): 3-925169-92-X

Gisela Mühlenberg
Budenzauber
Spiellieder und Bewegungsspiele für große und kleine Leute
ISBN: 3-925169-41-5
dazu MusiCassette ISBN: 3-925169-63-6

Sabine Hirler
Hämmern, Tippen, Feuerlöschen
Mit-Spiel-Aktionen, Geschichten, Lieder und Tänze rund um die Berufswelt
ISBN (Buch): 3-931902-69-2
ISBN (CD): 3-931902-70-6

Volker Friebel, Marianne Kunz
Meditative Tänze mit Kindern
In ruhigen und bewegten Tänzen durch den Wandel der Jahreszeiten
ISBN (Buch + CD): 3-931902-52-8

M. Beermann - A. Breucker
Tänze für 1001 Nacht
Geschichten, Aktionen und Gestaltungsideen für 15 Kindertänze ab 4 Jahren
ISBN (Buch incl. CD): 3-925169-82-2
ISBN (nur Buch): 3-925169-86-5
ISBN (nur MC): 3-925169-83-0

Volker Friebel, Marianne Kunz
Zeiten der Ruhe – Feste der Stille
Mit Spielen, Geschichten, Liedern und Tänzen: vom Winteraustreiben über Ostern, das Sommerfest und Halloween bis in die Weihnachtszeit
ISBN: 3-936286-01-9

Volker Friebel
Weiße Wolken – Stille Reise
Ruhe und Entspannung für Kinder ab 4 Jahren. Mit vielen Geschichten, Übungen und Musik
ISBN (Buch incl. CD): 3-925169-95-4

Der Fachverlag für gruppen- und spielpädagogische Materialien

Ökotopia Verlag und Versand

Fordern Sie unser
kostenloses Programm an:

Ökotopia Verlag
Hafenweg 26 · D-48155 Münster
Tel.: (02 51) 48 19 80 · Fax: 4 81 98 29
E-Mail: info@oekotopia-verlag.de

Besuchen Sie
unsere Homepage!
Genießen Sie
dort unsere Hörproben!

http://www.oekotopia-verlag.de
und www.weltmusik-fuer-kinder.de

Das Zauberlicht
Spiele, Aktionen und Theater mit Schwarzlicht für Kinder

ISBN: 3-931902-50-1

Von Räubern, Dieben und Gendarmen
Abenteuerliche Spiele, Geschichten, Basteleien und Lieder rund um das wilde Räuberleben

ISBN (Buch): 3-931902-97-8
ISBN (CD):   3-931902-98-6

Abenteuer Medienwelt
Vom Zeichenbrett zum Internet – neue und bekannte mediale Spielräume entdecken, verstehen lernen und kreativ gestalten

ISBN: 3-931902-93-5

Straßen-, Hof- und Gartenfeste
Gestaltung kindgerechter Spielfeste
Ein Handbuch

ISBN: 3-931902-60-9

Wilde Spiele
Spiele, Spaß und Abenteuer für tobelustige und verwegene Gruppen

ISBN: 3-925169-80-6

Abenteuer leiten – in Abenteuern lernen
Methodenset zur Planung und Leitung kooperativer Lerngemeinschaften für Training und Teamentwicklung in Schule, Jugendarbeit und Betrieb

ISBN: 3-931902-53-6

Bewegte Spiele für die Gruppe
Neue Spiele für Alt und Jung, für drinnen und draußen, für kleine und große Gruppen – für alle Gelegenheiten

ISBN: 3-931902-74-9

Leiten, präsentieren, moderieren
Lebendig und kreativ
Arbeits- und Methodenbuch für Teamentwicklung und qualifizierte Aus- und Weiterbildung

ISBN: 3-931902-20-X

Der geflügelte Bleistift
Jede Menge Spielideen und Aktionen rund um Schreiben, Lesen und Literatur

ISBN: 3-931902-51-X

Feuerwerk & Funkentanz
Zündende Ideen: Spiele, Lieder und Tänze, Experimente, Geschichten und Bräuche rund ums Feuer

ISBN (Buch): 3-931902-85-4
ISBN (CD):   3-931902-86-2

Freizeiten in Zeltlagern und Selbstversorgehäusern
Planung, Organisation und Aktivitäten für gelungene Gruppenfahrten

ISBN: 3-931902-82-X

Wir verstehen uns gut
Methoden und Bausteine zur Sprachförderung für deutsche und zugewanderte Kinder

ISBN: 3-931902-76-5